Nina Greve

Axel Hacke · Der kleine Erziehungsberater

Axel Hacke
Der kleine Erziehungsberater

Illustriert von
Marcus Herrenberger

Verlag Antje Kunstmann

Für Antje, Anne, Max und Marie

Inhalt

Erste Vorbemerkung *9*
Zweite Vorbemerkung *11*
Holmsen *13*
Gute Nacht *17*
Nervensache *18*
Am Familientisch *20*
Alles vergeblich *23*
»Du kennst mich nicht« *25*
Ursuppe aus Legosteinen *27*
Liebesspiele *30*
Babysitter *32*
Limonade literweise *35*
Das Ufo-Kid *37*
Kostverächter *40*
Loslassen, gefälligst! *43*
Schnullereien *46*
Hexenkummer *49*
Die Kunst der Lyrik *52*
Heißer Draht *55*
Sprachgewalt *59*
Entwicklungshilfe *62*
Allerhand Gewürm *64*
Urlaubsreisen *67*
Genesis *71*
Ekelschleim *74*

Affe tot *77*
Tödliche Doris *81*
Karius & Baktus *84*
Bittere Semmeln *86*
Sieben Geld *91*
Schöne Tage *94*
Autoritätsverluste *97*
Kriegstreiber *99*
Meakuhkuh *103*
Liebesbriefe *106*
Aufgelöst *110*

Erste Vorbemerkung

Sicher wollen Sie wissen, wie ich Erziehungsberater wurde. Passen Sie auf, das kam so: Eines Morgens wachte ich auf, betrachtete müde meine rot-weiß karierte Bettdecke und dachte: »...... und wenn ich Dichter wäre?« Ich könnte einen Roman schreiben, dachte ich, 536 Seiten zu neununddreißigachtzig, zehn Prozent für mich, das wären dreiachtundneunzig abzüglich Mehrwertsteuer, und für zweineunzig bekommt man in mancher Kantine eine warme Mahlzeit. Ich könnte, wenn ich tausend Exemplare verkaufen würde, tausendmal warm essen und hätte noch Geld übrig. Ich klappte die Augen zu, drehte mich auf die Seite und wartete auf Gedanken.

Nach kurzer Zeit hörte ich eine feine Stimme. »Hallo«, flüsterte ich, »bist du die Inspiration?«

»Ich bin Max!« sagte die Stimme laut, mit einem Anflug von Empörung. »Ach so«, sagte ich, »komm rein.« Die Stimme krabbelte in mein Bett.

Ein wenig später streifte ein Finger meinen linken Arm, der unter der Decke hervorguckte. »Ooooh«, seufzte ich, »du bist sicher eine gute Idee.«

»Ich bin Anne!« sagte der Finger und kroch unter die Decke. Ich hörte leises Fußgetrappel auf dem Fußboden. »Guten Morgen, Marie«, sagte ich. Gleich darauf war das Getrappel auf meinem Bauch, und ich machte: »Mmmmpfff.«

9

So lagen wir da zu viert, drei kleine Kinder und ich, als ein schöner Gedanke daherflog, sich auf die Bettkante setzte und sagte: »Darf ich rein?«

Ich sagte: »Sie sehen, was hier los ist, wo wollen Sie hin?«

»Aber ich bin ein schöner Gedanke«, sagte der schöne Gedanke, »Sie brauchen mich für den Roman.«

»So schön sind Sie auch nicht«, sagte ich, »kommen Sie morgen!«

»Püh!« machte der schöne Gedanke, »das hab' ich nicht nötig. Warum haben Sie so viele Kinder! Schreiben Sie über die!« Er lachte höhnisch und stand wieder auf. An der Tür drehte er sich um und rief: »Auf mich warten viele.«

»Auf mich auch«, antwortete ich leise, und dann standen wir auf und gingen Zähne putzen, und ich schrieb darüber eine Geschichte, und wir gingen Semmelnholen, und ich schrieb eine Geschichte, und dann räumten wir die Kinderzimmer auf, und ich schrieb eine Geschichte.

So wurde ich Erziehungsberater. Das Buch ist nicht 536 Seiten dick geworden und wir können deshalb nicht 39,80 Mark dafür nehmen, sagt die Verlegerin. Also kaufen Sie zwei, damit ich mir eine warme Mahlzeit erlauben kann, besser noch drei oder vier. Ich habe Kinder zu versorgen, das wissen Sie ja nun!

Zweite Vorbemerkung

Als ich dies alles schrieb, zuerst übrigens für das Magazin der Süddeutschen Zeitung, lebten wir zusammen in einem Reihenhaus am Münchner Stadtrand: Antje, die ich bei der Erziehung unserer Kinder berate, Anne, Max, Marie und ich. Anne war sechs, Max fünf und Marie zwei. Das müssen Sie auch wissen, bevor Sie anfangen zu lesen.

Holmsen

Seit einigen Monaten sitzt morgens ein kleines Kind am Frühstückstisch, welches noch nicht allein essen kann, gelegentlich, insbesondere wenn man drei oder vier Gläschen Erdbeer in Apfelmus in seinen breiten, zahnlosen Mund hineingelöffelt hat, einen schwernassen Rülpser über den Tisch schickt, mit rudernden Armbewegungen Kaffeetassen vom Tisch fegt und karmesinroten Kopfes Windeln füllt, während die anderen Marmeladentoast essen.

»Du bist ekelhaft und bösartig«, sagt Antje leise. »Wie kannst du so widerwärtig über ein kleines Kind schreiben!?«

»Ich liebe alle Kinder. Aber ich liebe auch meinen Schlaf.«

»Schlaf?« fragt Antje und wendet den Blick ihrer rotgeränderten Augen nach innen. »Was ist Schlaf?«

Ich gehe zum Regal und entnehme ihm ein Lexikon. »Schlaf, Johannes«, lese ich, »dt. Schriftsteller, geboren in Querfurt, 1882, gestorben 1941, auch in Querfurt. Hat mit A. Holz unter dem gemeinsamen Pseudonym Bjarne Peter Holmsen

13

den konsequenten Naturalismus begründet. War nervenkrank, Aufenthalt in verschiedenen Heilanstalten.« Mit letzter Kraft versuche ich, das Lexikon ins Regal zurückzustellen.

»Nervenkrank, Heilanstalt«, wiederholt Antje, »holmsen, eine ganze Nacht lang holmsen, nicht aufwachen, 24 Stunden lang nichts hören und durchholmsen, nicht aufwachen.«

»Warumschläftdaskindnichtschläftnichtschläftnicht?« Schnuller aus dem Mund gefallen? Gier nach Fencheltee? Oder ist es hochintelligent? Hochintelligente Kinder schlafen besonders wenig, bloß zweidreiviertel Stunden pro Nacht, sie brauchen einfach nicht mehr, stand mal in der Zeitung. So machen sie ihre Eltern fertig. Ich bin blöd, ich muß viel schlafen: Antje ist auch blöd, muß auch viel schlafen. Wahrscheinlich weiß das Kind längst, daß es entsetzlich dumme Eltern hat, und quält sie nun in seiner Wut: Menschen immer wieder aufwecken, sobald sie gerade in Tiefschlaf gefallen sind und den ersten Traum träumen. Irgendwann wird man nie mehr schlafen können, es einfach verlernt haben.

Oder, falls man schläft, Alpträume haben von ewiger Schlaflosigkeit.

Morgens beim Frühstück Streit mit Antje, wer noch müder ist. Ich: Bin um elf und um Mitternacht und um zwei und um drei aufgestanden, schrecklich. Sie: Ja, aber gehört hast du nicht, was um halb elf, halb zwölf, halb zwei, halb vier war. Noch viel schrecklicher! Ich (manchmal lüge ich und sage, ich hätte überhaupt nicht geschlafen, obwohl ich doch geschlafen habe, bloß um nicht so schlecht dazustehen): Aber ich hatte gestern so viel zu arbeiten und war deshalb schon vorher müde. Sie: Du verwirklichst dich den ganzen Tag selbst, während ich mich um Kinder kümmern muß, das macht noch viel müder. Ich: Selbstverwirklichen macht auch sehr müde, das unterschätzt du. Sie, höhnisch lächelnd: Wollen wir tauschen?

So beginnt der Tag. Mein Schlafdefizit liegt derzeit bei 421 Stunden. Plus drei Prozent Zinsen macht das ein Guthaben von 433,63 Stunden. Das schreibe ich mir auf, denn ich will alles wiederhaben, wenn der kleine süße Fratz im Kinderstühlchen groß ist.

Gute Nacht

Natürlich ist jeder gute Vater aufgerufen, seinen Kindern, vor denen er tagsüber in die Stille seines Büros geflüchtet ist, abends eine Gutenachtgeschichte vorzulesen. Es ist nur so: Sobald ich das Kinderzimmer betrete und mich bequem auf das Bett meiner Tochter lege, bin ich erheblich müder als alle Kinder der Familie zusammen. Die allerschönsten Gutenachtgeschichten verschwimmen vor meinen Augen, und ich könnte herrlich einschlafen.

Vor einigen Tagen haben deshalb die Kinder begonnen, umgekehrt mir etwas zu erzählen, was bei Max darauf hinauslief, daß er gewissenhaft seine auf dem Spielplatz gesammelten Sprüche aufzählte. Etwa: »Happy birthday to you, Marmelade im Schuh, Aprikose in der Hose, Happy birthday to you«. Oder: »Kling Glöckchen, klingelingeling, die Oma sitzt am Fenster, der Opa sieht Gespenster, Dracula und Frankenstein hauen ihm die Fresse ein.« Drittens: »O Tannenbaum, o Tannenbaum, die Oma hängt am Gartenzaun.« Nach jedem dieser Beiträge ließ der Junge rasselndes Gelächter hören, während ich mich in die Kissen kuschelte und dem Himmel dankte, daß ich wenigstens nicht jene obszönen Sprüche zu hören bekam, die jedem Hamburger Zuhälter Schamröte ins Gesicht treiben würden, indes heute in jedem katholischen Kindergarten kursieren. (Mit Rücksicht auf ältere Leser verzichte ich auf Beispiele.) Meine Bitte, er möge eine schlüssige Geschichte vortragen, beantwortete der Junge mit den Worten, er könne ja vom Skikurs im letzten Urlaub erzählen, hob kurz an, erschlaffte wieder und sagte: »Du weißt doch eh schon alles.«

Es war dann aber so, daß Anne leise sagte, sie wolle jetzt was erzählen, und es folgte eine lange, hochinteressante Geschichte, die in Südtirol und Schottland spielte und in der allerhand Löwen, Räuber und Prinzessinnen vorkamen. Es trat auch eine Hausangestellte auf, die Martha hieß und über die Anne den schönen Satz sagte: »Eine Martha sollte es in jedem Haus geben.«

Wunderbar, dachte ich, wie ich hier die Kinder zu einer selbstverständlichen Kreativität erziehe. So sollten alle Eltern ihre Kleinen fördern, hin zu einer alltäglichen Phantasie, zum Verarbeiten von Kummer und Freude durch Erzählen, so daß sie sich befreit und ruhig in ihre kleinen Betten legen können. Ich schlief selig ein, während sich die Kinder noch ein wenig mit den Bestandteilen der Puppenstube die Schädel einschlugen.

Nervensache

Kinder haben heißt, gute Nerven zu benötigen. Versuchen Sie, sich psychisch zu härten. Besuchen Sie Dia-Abende, und üben Sie, jenes intensive Interesse zu heucheln, das Sie zeigen müssen, wenn ein Kind Ihnen im Sandkasten einen braunen Matschkloß unter die Nase hält und sagt: »Guck mal, das hab' ich gebaut.« Fahren Sie in Stoßzeiten mit U- und S-Bahn! Stellen Sie sich in den Fanblock des FC Bayern und schwenken Sie die schwarz-gelbe Fahne der Dortmunder Borussen!

Wenn Sie schlechte Nerven haben, wird Ihnen das Leben schwer werden. Einmal hörten wir frühmorgens, noch dahindämmernd, aus Max' Zimmer einen grauenhaften, kehligen, unartikulierten Schrei. Wir stürzten die Treppe hinauf, erwarteten den Jungen in seinem Blute zu finden, mit gebrochenen Gliedmaßen, was weiß man denn um diese Tageszeit?! Wir rissen die Tür auf und sahen den Kleinen fassungslos im Zimmer sitzen und brüllen: »Wo ist mein geiler Flieger!?« (Den hatte die Putzfrau am Tag zuvor in eine rote Plastikkiste geräumt und dieselbe auf den Schrank gestellt.)

Kleinigkeiten. Aber einmal hat Anne beim Frühstück gesagt: »Wir haben gestern etwas ganz, ganz Schönes für dich im Garten gemacht.« Ich: »Ja, was habt ihr denn da, liebe Kinder, das ist ja lieb, das schaue ich mir jetzt an.« Im Garten war auf dem Rasen ein Rechteck mit Zweigen abgesteckt. In der Mitte des Rechtecks lag eine rosa Puppenbadewanne mit alten Blumen darin. Davor waren sorgsam weitere Zweige drapiert. Ich: »Das ist aber schön, das sieht ja wunderbar aus. Was ist es denn?« Anne, stolz: »Das ist ein Grab für dich.«

Am Familientisch

Max rülpst. Fünf Jahre alt und rülpst ständig. Er kann es noch nicht richtig, das Geräusch hat keine Tiefe und ist ein wenig blaß, das liegt wohl am fehlenden Resonanzboden bei Fünfjährigen. Aber er übt ständig – bei Tisch, bei den Großeltern, gern auch, wenn Besuch kommt.

Die Eltern: »Max, kannst du das mal bitte lassen. Man rülpst nicht, wenn andere Leute da sind, es stört sie.«

Max rülpst.

Die Eltern: »Du, Max, das finden wir jetzt echt nicht so gut. Läßt du das mal bitte?«

Max rülpst.

Die Eltern (Versuch einer paradoxen Intervention des dreifachen Axels der Kindererziehung): »Max, wir hören es gerne, wenn du rülpst, das Geräusch gefällt uns so, bitte rülpse noch mehr.«

Kurzes Nachdenken. Max rülpst.

Die Eltern unter sich: »Wir müssen das Rülpsen ignorieren. Es geht ihm nur darum, auf sich aufmerksam zu machen. Er ist der Zweitgeborene, vergessen wir es nicht.« Sie ignorieren das Rülpsen.

Max rülpst.

Die Eltern denken darüber nach, ob es sinnvoll wäre, das Kind einem Arzt vorzustellen. Es könnte einfach Verdauungsprobleme haben. Sie verwerfen den Gedanken; der Stuhlgang des Knaben ist normal.

Max rülpst.

Die Eltern fragen sich: Ist Rülpsen schlimm? Sind wir nicht Spießer, daß wir uns am Rülpsen eines Fünfjährigen stören? Der Vater ruft: »Es stört mich aber doch, verdammt!«

Max rülpst.

Die Eltern laut: »Max, es langt jetzt endlich, ver-

dammt noch mal, wenn du nicht aufhörst, müssen wir dich ins Zimmer schicken, denn du störst alle anderen am Tisch.«

Max rülpst.

Die Eltern bringen Max in sein Zimmer. Das Kind schreit, klagt, weint, öffnet die Zimmertüre und schlägt sie wieder zu, bejammert sein Schicksal, schreit seine Wut hinaus, bricht heulend auf dem Ziegenhaarteppichboden seiner Behausung zusammen.

Die Eltern werden mitleidig, gehen nach oben: »Du darfst jetzt wieder herunterkommen, wenn du nicht mehr rülpst.«

Max kommt wieder an den Eßtisch, setzt sich mit versteinertem Gesicht auf seinen Platz. Die Eltern (denkend): »Es war hart, aber nun haben wir es geschafft.« Die Familie ißt schweigend. Es kehrt Ruhe ein im Haus. Stille senkt sich über den Tisch, Frieden in die Herzen der Erziehenden.

Man hängt seinen Gedanken nach.

Da rülpst Max.

Alles vergeblich

Wahrscheinlich ist Erziehung Quatsch. Sie führt zu nichts oder allenfalls zum Gegenteil dessen, was man will. Als unsere Kinder ganz klein waren, hat Antje dem Max Puppen und der Anne Autos zum Spielen gegeben, damit sich die üblichen Rollenklischees bei ihnen gar nicht erst verfestigen. Aber dann haben die beiden einfach getauscht und so den allerersten Erziehungsversuch mitleidslos unterlaufen.

Daß mein Sohn möglicherweise nicht der bescheidene, zurückhaltende Mensch ist, zu dem ich ihn gern erzogen hätte, ist mir neulich aufgefallen, als ich ihn in den Kindergarten brachte. Er gab einer wildfremden Mutter, die gerade ihr Töchterlein aus dem Anorak schälte, einen kräftigen Klaps auf den Hintern und sagte: »Hallo Arschgeige!« (Ich weiß ja nicht mal, woher er das Wort hat!)

Und woher kommt diese Geschäftstüchtigkeit? Einmal hat er, als ich eine Lampe im Wohnzimmer montierte, zwei Achter-Dübel aus dem Werkzeugkasten geklaut und sie zwei Stunden später auf der flachen Hand mit den Worten angeboten: »Wenn ich zu Philipp darf, bekommst du das hier wieder.« Woher der unfehlbare Sinn fürs Materielle, besonders wenn es süß ist? Die Kakaodose hatten wir auf dem Küchenschrank versteckt, knapp unter der Decke, an einer Stelle, die für uns selbst kaum erreichbar war, nicht einmal für die Katze der Nachbarn, die gelegentlich durchs Haus streunt. Was soll ich sagen, der Knabe saß am Nachmittag auf dem Schrank und löffelte Kakaopulver in seinen Mund.

Dann kam dieses Familienfest mit siebzig würdigen, zum erheblichen Teil etwas älteren Gästen, und ich merke plötzlich, daß der Stuhl neben mir leer ist, und denke, wo der Knabe nun schon wieder ist. Da sehe ich, wie er von einem zum anderen geht, mit einer Plastiktüte in der Hand und der immer wiederholten Frage auf den Lippen:

»Gibst du mir ein Geld?«

Ich versank im Erdboden. Als ich wieder auftauchte, waren in der Plastiktüte schon acht Mark dreißig.

Gegen solchen Erwerbstrieb kann man nicht anerziehen. Vielleicht kann ich in zwanzig Jahren mit dem Schreiben aufhören, wenn der Junge genug gesammelt hat. (Aber bedenken Sie bitte, wenn er zu Ihnen kommt: Ich hab' ihn nicht geschickt.)

»Du kennst mich nicht!«

Einmal träumte der Erziehungsberater, seine Kinder wären groß und sie wären alle – wie sagt man? – »aus dem Haus«, und er müßte sich nicht mehr um sie kümmern. Aaaaah, er wäre aller Sorgen ledig und könnte morgens schlafen, bis der Kindergarten schon lange aus ist, und spät im »Ruffini« frühstücken und Bücher lesen, wann er wollte, und durch die Kneipen ziehen nachts, o warte.

Dann mußte er aber doch abends den kleinen Max ins Bett bringen, der einen schlechten Tag gehabt hatte und durch die Gegend brüllte wie blöd, ganz überdreht und übermüdet, und sinnlos heulend im Bett saß.

Ich sprach, nach Ausschöpfung aller anderen Möglichkeiten des Zuredens, den schlichten Satz: »Max, nun leg dich einfach hin und schlaf, du bist so furchtbar müde.«

Max: »Ich bin nicht müde!«
Ich: »Doch, du bist müde, das weiß ich.«

Max: »Woher weißt du das?!«

Ich: »Weil ich dich kenne.«

Max: »Du kennst mich nicht!!«

Ich: »Doch, ich kenne dich, Max, ganz lange schon.«

Max (schreiend, voller Wut): »Nein!!! Du kennst mich nicht. Ich bin nämlich gar nicht der Max.«

Ich: »Wer bist du denn?«

Max (schreiend, trotzig): »Das sag' ich dir nicht!!«

Ja, so wird es eines Tages sein: Die eigenen Kinder werden nichts mehr von einem wissen wollen. Man wird sie nicht mehr kennen, und man wird allein sein. Scheißtraurig das.

Ursuppe aus Legosteinen

Es gibt Dinge, die nur Menschen wissen, die kleine Kinder haben. Nur sie kennen den grellen Schmerz, der den Körper durchzuckt, wenn man mit bloßem Fuß auf eine herumliegende Glasmurmel tritt. Nur sie wissen um die Abgründe der Resignation, welche den befällt, der die unaufgeräumten Zimmer seiner Kinder betritt. Nur sie kennen den gigantischen Aufwand an Debattierkunst, der betrieben werden muß, um ein kleines Kind zu bewegen, wenigstens begehbare Schneisen in seine Welt zu schlagen.

Wenn zum Beispiel Antje und ich den Max in einem rücksichtsvollen, intensiven Gespräch bitten, ein wenig Ordnung in seinem Zimmer zu schaffen, pflegt er wie ein vom Blitz gefälltes Bäumchen umzufallen, die Augen zu verdrehen und laut die Worte »immer!« und »muß!« und »ich!« und »aufräumen!!!« hinauszuweinen. (Dann nagt der Zweifel: Sind wir so grausam zu einem kleinen

Menschen? Ist Aufräumen nicht spießig und reaktionär? Welchen Schaden richten wir hier an, nie wieder gutzumachenden Schaden?)

Was die meisten Leute mit kleinen Kindern nicht wissen, das ist: Es ist alles vollkommen sinnlos. Lassen Sie ab vom Aufräumen! Geben Sie auf! Verzagen Sie! Jene Ursuppe aus Legosteinen, Puppenarmen, Bonbontüten, Bekleidungsfetzen, welche Kinderzimmerböden bedeckt, entsteht ohne das Zutun von Menschen. Es handelt sich vielmehr um einen kaum erforschten, vielleicht gar nicht erforschbaren Fortpflanzungsvorgang unbelebter Materie: Siku-Autos treiben es mit Überraschungs-Eiern, Kaugummipapier kopuliert mit Nimm-zwei-Bonbons, Batmanfiguren gebären Kinderpoststempel, Ventile von Kinderfahrrädern vereinigen sich mit Schwimmflügeln, aus dem Schoß einer Schildkrötpuppe kriechen Buntstifte, uralte, zerbissene Schnuller paaren sich mit den Resten geplatzter Luftballons. All das zerfällt bei einer Halbwertzeit von einer Stunde pro Teil in immer klei-

nere Plastikteilchen, die schließlich knöchelhoch im Raum liegen, durch die Zimmertür auf den Flur schwappen, sich über die Treppe ins Wohnzimmer ergießen und eines Tages die ganze Welt bedecken werden, unser aller Körper, auch die schreckensstarren Leiber jener, die von alledem nichts ahnten, die keine Kinder haben und aus unverständlichen Gründen auch keine haben wollen.

Liebesspiele

Ja, ich denke schon, daß die Kinder heute immer früher reif werden, sexuell meine ich (politisch wahrscheinlich auch, aber davon später). Der Erziehungsberater erinnert sich, daß er mit acht Jahren zum erstenmal heiraten wollte, ein Mädchen namens Uta. Heute haben die Kinder solche Vorstellungen und noch ganz andere bereits mit sechs. Anne jedenfalls steht morgens eine Viertelstunde lang vor dem Spiegel, malt die Lippen grellrot an und die Augenlider hellblau und erzählt beim Frühstück von ihrer Beziehung zu Felix, dem Nachbarjungen, sechs Jahre alt auch er. Neulich hat Antje die beiden nackt in Annes Bett erwischt. (So weit ist es zwischen Uta und mir überhaupt nie gekommen.) »Wir spielen verliebt!« haben sie gebrüllt und sich die Decke über die Ohren gezogen, so daß man nur noch gedämpftes Kichern hörte.

»Ja, und wie reagiert man da in so einer Situation?« fragte besorgt eine kinderlose Kollegin. Gott, wie reagiert

man?! Man sagt: »Möchtet ihr noch etwas Kakao?« Oder: »Vergeßt nachher nicht, die Bauklötze aufzuräumen.« Und dann geht man eben wieder.

Soweit ist ja gegen diese Beziehung nichts einzuwenden. Der Felix ein netter Kerl, solange man ihm vom Obstsalat nicht die Maraschino-Kirsche wegißt – dann bekommt er ganz rote Haare und schmeißt mit Glas. Anne hat gesagt: »Ich finde, daß der Felix lieb ist. Wenn er mich haut, kommt er sofort und entschuldigt sich.«

»Sag' mal, Anne, wäre es dir nicht noch lieber, er würde dich gar nicht hauen?« Jaja, hat Anne geantwortet, sie habe das auch nur zum Spaß gesagt. »Neulich habe ich zum Beispiel die Augen zugemacht, und er hat mich gegen die Haustür geschubst, und es hat gar nicht wehgetan – sooo lieb ist er!« Der Felix.

Also, es ist eine überaus harmonische Beziehung, voller Rücksichtnahme und Zärtlichkeit und außerdem sehr praktisch, weil Felix, wie gesagt, gleich im Reihenhaus nebenan wohnt. Sollte übrigens eines von den anderen Reihenhäusern frei werden, weil jemand auszieht, hat Anne gesagt, »dann ziehe ich mit dem Felix da ein«.

Ich nehme an, nächstes Jahr ist es soweit.

Babysitter

Vor einigen Wochen stand ein Dinosaurier vor der Tür und fragte, ob er bei der Kindererziehung behilflich sein könne. Er zeigte das sozialpädagogische Diplom der Fachhochschule Backnang vor, und ich sagte: »Prima, etwas Hilfe können wir immer brauchen.« Seitdem wohnt er bei uns.

Er steht mit den Füßen im Wohnzimmer, und sein Kopf guckt aus einem Fenster im Dach. Übermäßig intelligent ist er nicht, sonst würde sein Schädel wohl nicht durch diese Dachluke passen, aber treu und zuverlässig. Als wir kürzlich abends im Theater waren und ein Kind aus dem Bett gefallen war, brüllte er so laut, daß wir ihn noch in den Kammerspielen hörten und nach Hause eilten. Allerdings kam auch die Polizei, und wir durften den Saurier nur behalten, weil wir bereit waren, die doppelte Hundesteuer für ihn zu bezahlen. Das ist immer noch billiger als ein guter Babysitter in München.

Ich kann Dinosaurier als Kindergärtner nur empfehlen. Bei unserem handelt es sich um einen Mamenchisaurus, der 150 Millionen Jahre alt ist, eine ungewöhnlich erfahrene Kraft also. Das Beste an ihm ist die ungeheure Geduld, mit der er den Kindern alle Fragen beantwortet, und überhaupt die Art, mit der er insbesondere bei Max größtes Interesse für das Saurierwesen geweckt hat.

Noch abends blättert Max in einem Bilderbuch über

die Dinos, und fast jeden Tag geht er auf den Dachboden und erörtert mit dem Mamenchisaurus alle einschlägigen Fragen, zum Beispiel ob Saurier schwimmen können und ob sie auch Fleisch fressen.

»Klar, es gibt auch fleischfressende Saurier«, hat der Mamenchisaurus erzählt und damit geprahlt, wie er einmal mit einem einzigen Hieb seines riesigen Schwanzes drei solcher Allosaurier, die es auf ihn abgesehen hatten, auf einmal zerschmettert habe. »Aber die Fleischfresser können ja auch sich selber auffressen«, hat Max gesagt, »weil sie sind ja auch aus Fleisch.« Das hat der Mamenchisaurus eine interessante neue Theorie über das Aussterben der Saurier genannt.

Eines Tages kam Max aus dem Kindergarten und hat gefragt: »Weißt du, wer Scharfzahn ist?«

Das wußte der Mamenchisaurus nicht.

»Scharfzahn«, hat Max gesagt, »ist der Stärkste der Dinos. Der hat sogar Kanonen.«

»Kanonen?« hat der Mamenchisaurus gefragt.

»Ja, das hat der Markus gesagt.«

Der Saurier wurde sehr traurig, weil er doch Pazifist ist und Vegetarier und weil er Kanonen nicht mag. Er weinte und redete immerzu vom Aussterben. Max mußte ihn trösten und ihm sagen, daß sein Skelett, sollte er wirklich einmal sterben, als Klettergerüst auf den Spielplatz gestellt würde. Da war der Saurus glücklich, und die Kinder durften auf seinem langen Hals Rutschbahn spielen.

Limonade literweise

Es war nicht so schlimm, daß Max, den Mund voller Nudeln, ganz doll niesen mußte, als wir neulich einmal alle zusammen ins Wirtshaus gingen. Es war auch nicht so schlimm, daß Anne einmal einem Tischnachbarn, der ihr freundlicherweise eine Portion Spaghetti mit Tomatensauce auf den Teller tun wollte, diese auf sein weißes Hemd warf. (Wir mußten dann das Lokal hastig verlassen, weil sie sich schwer die Finger verbrannt hatte und heulte wie eine Feuerwehrsirene.) Es ist auch nicht schlimm, daß die Kinder sich mit Pommes frites bewerfen, Limonade literweise verschütten, das ganze Lokal mit der Frage beschäftigen, wer von ihnen die größere Portion bekommen hat, und ganz dringend aufs Klo müssen, wenn gerade die Eltern etwas zu essen bekommen haben. Geschenkt.

Was wirklich schlimm ist, sind die Blicke der anderen Gäste. Wer mit drei Kindern in einem deutschen Lokal ißt, wird ununterbrochen gemustert, ohne Brillen, durch Brillen hindurch, über Brillen hinweg. Die Kiefer mahlen, die Gespräche verstummen, die Gesichter werden starr, alles blickt, blickt, blickt: Was haben denn diese Leute für Kinder? Schmieren alles voll. Sitzen nicht still. Spielen mit dem Besteck. Geh mit drei Kindern in ein deutsches Lokal, und du weißt, warum es in diesem Land so wenig Kindergärten gibt. Man sieht das in den Blicken.

Oder wenn du schon gehen mußt, nimm dir einen Kerl wie den kleinen Max mit. Der ist mal zum Nebentisch gegangen, hat sich vor einer Frau aufgebaut, die immerzu zu uns herübergeguckt hatte, und hat gerufen: »Man ißt nicht mit vollem Mund!«

Das UFO-Kid

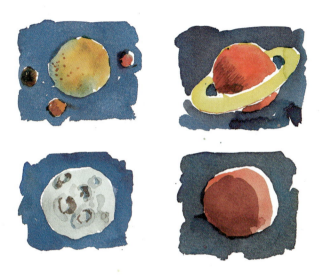

Manchmal ist die Welt dem Erziehungsberater so fremd, und er versteht seine Kinder nicht.

Durch einen Türspalt späht er abends ins Kinderzimmer und sieht den Max, einen Stoffhund im Arm…, doch er schlummert nicht, noch nicht: Das Kind murmelt im Halbschlaf Zahlen. »Elf, zwölf, dreiunddreißig, neunundneunzig, hundert, tausend…« Was bedeutet das? Morgens sitzt er auf der Bettkante seiner Mutter und begehrt, daß sie auf seinen Rücken mit dem Finger

Zahlen male, die er dann flugs errät, ein schönes, doch auch rätselhaftes Spiel, jedenfalls um sechs Uhr in der Früh. Beim Frühstück später, nicht nur bei irgendeinem Frühstück, sondern bei jedem Frühstück, stellt er Fragen, die etwa lauten: »Wieviel ist eins und null und fünf und tausend und null und neunundneunzig?« Abends, wenn ich das Märchen von Seite 94 vorlese, fragt er mitten im Satz: »Wieviel ist neun plus vier?« Lese ich die Geschichte von Seite 83, fragt er: »Wieviel ist acht plus drei?«

Was ist das? Wer ist dieser Junge? Eine Wiedergeburt von Adam Riese? Von Carl Friedrich Gauß? War in meiner Familie in früheren Generationen je ein Zahlen-Mystiker, ein Rechen-Schamane? Oder murmelt er Zauberformeln? Verkehrt er so mit außerirdischen Wesen, die ihm lauschen? Hat man uns den Abgesandten eines anderen Sterns ins Nest geschoben?

Wahrscheinlich ist er einfach fasziniert von Zahlen, von deren Magie, ihrer Aura. Buchstaben interessieren ihn nicht. Er hat gehört, Pippi Langstrumpf sei neun Jahre alt, und als wir mit dem Auto hinter der Buslinie neun herfahren, schreit er plötzlich: »So alt ist Pippi!«

Kein Ende des Rätsels. Neulich hat er einen Satz gesagt, den ich gern in Stein hauen würde: »Gottesdienst ist die höchste Zahl, aber die gibt es nicht mehr.«

Gottesdienst. Die höchste Zahl. Gibt es nicht mehr. Also doch: Er ist uns vom Jupitermond Ganymed geschickt worden. Ein UFO-Kid.

»Aber, Max, Gottesdienst ist doch keine Zahl.«
»Doch.«
»Wer hat denn das erzählt? War es Mike? Josef? Philipp? Petra?«
»Das weiß ich halt so.«
Weiß er halt so. Auf Ganymed weiß man so was halt so.
Am nächsten Tag sagt er: »Aber unselig ist noch größer als Gottesdienst.«
»Das heißt ›unzählig‹, Max.«
»Nein! Unselig.«
Was soll ich ihm sagen? Auf Ganymed lebt man in einer anderen Bewußtseinsstufe als hier. Sie wissen dort alles über uns, wir nichts über sie. Er weiß mehr als ich. Viel mehr. Gottesdienst viel mehr. Unselig viel mehr.

Kostverächter

Habe ich schon die Geschichte von der Signora Schpaghetti und dem dicken Papa Nudel erzählt? Nicht? Dann wird es aber Zeit!

Die Signora Schpaghetti und der dicke Papa Nudel hatten drei Kinder, die hießen Anne, Max und Marie. Für diese drei mußten sie jeden Tag Essen kochen. Wenn die Signora Schpaghetti in die Küche kam und die Kinder fragte, was sie essen wollten, riefen die drei: »Schpaghetti!« Und wenn der dicke Papa Nudel, der viel seltener kochte, dieselbe Frage stellte, antworteten sie: »Nudeln!« Die Signora jammerte: »Nicht schon wiiieder!« Der Papa schrie: »Nein! Neihein! Neiheihein!«

Dann liefen sie zum Herd und kochten die oberleckersten Sachen aus dem Großen Buch der Vollwertküche, zum Beispiel Kartoffelklöße mit Sonnenblumenkernen oder Gemüseplatte mit Kürbiskernsauce oder Risotto mit Haselnüssen oder Hirse-Möhren-Pfanne mit Petersiliensauce, denn sie wollten, daß ihre Kinder gesund und stark würden. Sie kochten und backten und schnitten und hackten und ächzten daher mit den Töpfen schwer, und wenn sie das Essen auf den Tisch stellten, riefen die Kinder: »Was ist denn das Rote?«

»Das sind Mohrrüben, Kinder.«

»Iiiih! Und was ist das Grüne?«

»Bääääh! Immer gibt es Paprika! Schon wieder Paprika! Das mögen wir nicht, das essen wir nicht!«

Dann saßen die Signora Schpaghetti und der dicke Papa Nudel traurig und einsam vor riesigen dampfenden Schüsseln. Der dicke Papa Nudel, der so erzogen war, immer seinen Teller leerzuessen, aß alles alleine auf, und die Signora Schpaghetti, die anders erzogen war, aß gar nichts mehr. Der dicke Papa Nudel wurde davon noch dicker, so dick wie ein Germknödel, und die Signora Schpaghetti magerte ab und wurde so dünn wie Schpaghettini.

Am nächsten Tag kochten sie Nudeln und Schpaghetti. Sie machten eine besonders gute Sauce dazu, und als sie die auf den Tisch stellten, rief Anne: »Ich mag nur Nudeln!« Und Max rief: »Ja, nur Nudeln, nackte Nudeln.« Marie, die noch nicht sprechen konnte, versuchte, die Saucenschüssel umzuschmeißen.

Dann aßen die Kinder nackte Nudeln ohne Sauce, und die Signora Schpaghetti aß vor Kummer wieder nichts, und der dicke Papa Nudel weinte in den großen Nudelhaufen auf seinem Teller und aß so viel, daß er

41

rund wurde wie ein Gummiball. Als er den Rest der guten Sauce in den Keller bringen wollte, um ihn in die Tiefkühltruhe zu tun, da stolperte er und fiel, pompompom, die Treppe herunter. Er zerplatzte auf der untersten Stufe wie eine volle Tüte Reis und verteilte sich im ganzen Keller. Die Signora Schpaghetti riß er mit sich, und sie zerbrach, weil sie so dünn war, in sieben Teile.

Da waren die Kinder ganz allein, und sie kochten sich jeden Tag nackte Nudeln und hätten herrlich und in Freuden leben können, wenn sie nicht an Skorbut gestorben wären.

Loslassen, gefälligst!

Das Dreirad heißt Dreirad, weil man eines geschenkt bekommt, wenn man drei Jahre alt ist, hat Anne gesagt. Aber Max ist ja nun schon fünf, und er hat seit einem Jahr ein richtiges Fahrrad. Bloß richtig benutzt hatte er es bis vor kurzem noch nie, weil der Erziehungsberater die Stützräder abgeschraubt hatte, und ohne Stützräder wollte Max nicht radfahren. Er solle üben, hat der Erziehungsberater gesagt, üben, üben, üben. So sei es nun mal: Eines Tages fielen die Stützen weg, und man müsse allein fahren, das sei das Leben. Dazu war der Max zu faul. Talentierter Junge in allem. Aber ein bißchen faul. Wer weiß, woher er das hat. Und der Erziehungsberater? Hatte keine Lust, die Stützräder wieder dranzuschrauben. So stand das Fahrrad herum. Dann habe ich eines Sonntags mit Anne eine Fahrradtour zum Aumeister gemacht, und abends haben wir dem Max die ganze Zeit vom Biergarten vorgeschwärmt und wie herrlich es am Aumeister ist. Daß man da viel Eis geschenkt bekommt! Auf einem wunderschönen Spielplatz spielen darf! Unterwegs Schafe sieht! Aber man könne leider praktisch nur mit dem Radl hinfahren. Der Max hat still zugehört, und am nächsten Tag hat er gefragt, ob jemand mit ihm Radfahren üben könne.

Wenn's unbedingt sein muß, habe ich geseufzt. Vielleicht morgen, hat Antje sehr gedehnt gesagt.

»Jetzt sofort!« hat der Max gerufen. Dann sind wir abwechselnd um den Block mit dem Max und seinem Fahrrad, immer in tiefgebückter Haltung und die rechte Hand am Sattel, damit er nicht umkippt, der Max. Das strengt an, aber immer, wenn wir eine Pause machen wollten, hat er gebrüllt: »Halt mich fest!« (Ist halt ein autoritäres Kind.) Dann sausten wir wieder los, schwitzend ich und er in bester Laune. Ungefähr beim dritten Versuch hat er das Freihändigfahren üben wollen, beim vierten den Plastikgriff vom Lenker gedreht und behauptet, das sei ein Funkgerät (»Hier komme ich!« hat er hineingebrüllt), beim fünften das Lenken vergessen, weil auf dem Fußballplatz, an dem wir vorbeikamen, der Andreas stand, »weißt du noch, Papa, der neulich mein Piratenschiff geschenkt haben wollte«, und beim sechsten hat er geschrien: »Jetzt rase ich in den Zaun da, aber voll, hey.« Und jedesmal hat er auf der Nase gelegen, aber voll, hey. Weh getan hat ihm das nicht, so toll hat er das Radlfahren plötzlich gefunden, und abends, da hat er es wirklich gekonnt. Als ich ihn aus lauter Gewohnheit immer noch am Sattel festhalten wollte, hat er gerufen: »Loslassen, gefälligst!« Schon war er verschwunden, um die Ecke beim Mülltonnenhäuschen.

Wie gesagt: Eines Tages fallen die Stützen weg, und man fährt allein, und sie bleiben nutzlos zurück, die Stützen. So ist das Leben.

Nächstes Wochenende will der Max mit der Anne zum Aumeister fahren. Wenn ich schön artig bin, nimmt er mich ja vielleicht mit und kauft mir eine Maß.

45

Schnullereien

Neulich träumte ich, vom Atlantik zöge ein Tief daher mit dicken grauen Wolken, die sich über unserer Stadt öffneten – und siehe: Es regnete Schnuller. Rosa Schnuller. Hellblaue Schnuller. Gestreifte Schnuller. Geschnullerte Schnuller. Ach, wie waren wir glücklich! Wir liefen in den Garten und wateten in Schnullern. Ließen uns Schnuller aufs Haupt prasseln. Bewarfen uns damit. Steckten sie in den Mund, schaufelten sie ins Haus, wälzten uns darin. Endlich genug Schnuller! Nie mehr Schnuller suchen müssen, nie mehr unter Tischen und Bänken herumkriechen mit lockendem »nuuuucknuck-nuck-koooommkommkomm«, nie mehr nachts mit entzündeten, rotgeweinten Augen durchs Kinderzimmer krauchen, halbblind vor Schlaflosigkeit, halbtaub vor Kindergebrüll, auf der Suche nach dem einen, dem letzten, dem rettenden Schnuller.

Dann erwachte ich, weil ein Kind schrie.

Ich weiß nicht, ob man Kinder auch ohne Schnuller aufziehen kann. Es soll Leute geben, die das probieren. Ich habe noch nie mit ihnen gesprochen, denn man sieht sie selten auf der Straße. Vermutlich beruhigen sie zu Hause ihre Kinder. Ich gestehe, daß ich es vorziehe, einen solchen Stöpsel zur Hand zu haben.

Das Problem besteht nur darin, daß man eben einen Schnuller selten zur Hand hat. Schnuller verschwinden

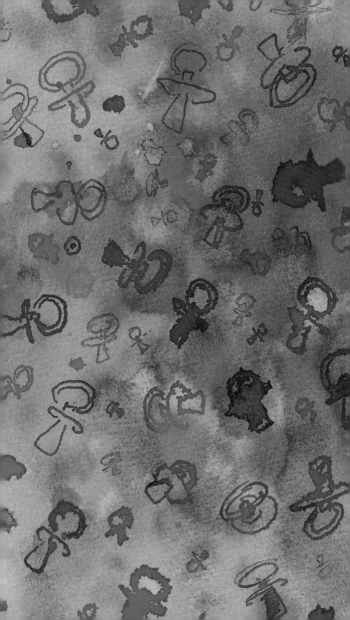

ständig. Gibt man Marie einen neuen Schnuller, ist er nach anderthalb Stunden weg. Man findet ihn vielleicht noch einmal unter dem Kinderstühlchen, beim zweiten Mal nirgends mehr. Als wir das begriffen hatten, kauften wir nie weniger als drei Schnuller auf einmal, um wenigstens für einen Tag genug zu haben. Heute fegen wir den Inhalt des Schnullerregals im Supermarkt mit dem Ellenbogen in den Einkaufswagen. Nachts legen wir das Kind in ein Bettchen, das zehn Zentimeter hoch mit Schnullern gefüllt ist. Gerade das Gesicht guckt noch heraus. Morgens ist das Bett leer, das heißt: Marie ist natürlich noch da. Aber die Schnuller nicht.

Ißt sie Schnuller? Vergräbt sie sie heimlich, um sie für ihre eigenen Kinder aufzubewahren?

Es ist anders. Die heimtückische, gewissenlose Schnullerindustrie hat, um ihren Umsatz zu steigern, in alle Schnuller einen winzigen Mechanismus eingebaut. Mit einer Zeituhr verbunden, löst er den Schnuller nach kurzer Gebrauchszeit spurlos auf. Er verschwindet dematerialisiert im Nichts. Ich habe das entdeckt, als ich einmal einen Schnuller gründlich untersuchte und auseinanderbaute. Der Mechanismus befindet sich innen im Sauger, die Zeituhr im Ring des Schnullers. Wenn man ihn ans Ohr hält, hört man es ganz leise ticken.

Glauben Sie mir! Ich bin nicht verrückt. Nur müde. So müde.

Hexenkummer

Es waren einmal ein Mann und eine Frau, die wohnten mit ihren drei Kindern in einem wunderschönen Reihenhaus irgendwo in den alten Bundesländern. Die beiden älteren Kinder hießen zufällig Hänsel und Gretel. Das dritte Kind lassen wir mal beiseite, das tut hier nichts zur Sache.

Hänsel und Gretel stritten sich unentwegt. Schon morgens beim Anziehen brüllte Gretel: »Mein Kleid ist geblümter als deine Hose!« Hänsel, der kleinere, stürzte wutschnaubend auf sie zu und verprügelte sie. Auf dem Weg zum Frühstück rief er: »Ich geh' aber schneller die Treppe runter als du!« Da stürzte Gretel wutschnaubend hinter ihm her und verprügelte ihn. Hänsel heulte entsetzlich und sagte beim Mittagessen: »Meine Nudeln sind aber weicher als deine, blöde Kuh!« Gretel erwiderte: »Was man sagt, ist man selber.« Dann stürzten sie beide wutschnaubend um den Tisch herum, trafen sich auf halber Strecke und verprügelten sich gegenseitig.

Die Eltern waren so verzweifelt, daß sie beschlossen, die beiden Kinder in einem Wald auszusetzen. Sie hatten sich immer ein harmonisches Familienleben gewünscht und hielten den Streit nicht mehr aus.

Die Kinder bekamen Wind von dem Plan und sammelten Kieselsteine, um den Rückweg zu markieren. Aber sie verrieten sich schon auf dem Weg in den Wald, weil sie sich lauthals stritten, wer die größeren Steine hätte. Außerdem wußten die Eltern sowieso längst von diesem Plan; schließlich hatten sie den beiden selbst das Märchen von Hänsel und Gretel schätzungsweise fünftausendmal vorgelesen. Also sammelten sie die Kiesel wieder ein, nachdem sie die Kinder ausgesetzt hatten.

So liefen Hänsel und Gretel zunächst orientierungslos durch den Wald, bis sie zum Haus der alten Hexe kamen, das aus Brot gebaut war und ein Dach aus Kuchen sowie Fenster aus Zucker hatte. Da brachen sich die Kinder sofort zwei Fenster heraus, und Gretel sagte: »Mein Fenster ist süßer als deiheins!« Hänsel antwortete: »Neihein!« Das irritierte die Hexe, aber sie beschloß trotzdem, Hänsel zu mästen, zu braten und zu fressen. Sie sperrte ihn in einen Käfig und ließ ihn jeden Tag den Finger rausstrecken, um zu prüfen, ob er schon fett genug war. Gretel rief dann jedesmal: »Mein Finger ist aber dünner als seiner!« Die Hexe, ohnehin cholerisch veranlagt, brüllte: »Dann iß den Teller leer und quatsch nicht dauernd beim Essen!« Hänsel versuchte, seiner Schwester durch die Gitterstäbe eine Ohrfeige zu geben. »Und du räum endlich den Käfig auf!« schrie die Hexe.

Sie war nach kurzer Zeit völlig entnervt. »Vertragt ihr euch denn nie?« fragte sie Gretel, und die antwortete: »Wußten Sie denn nicht, daß Geschwister sich immer streiten?« »Nein, ich war ein Einzelkind«, murmelte die

Hexe verlegen. Hänsel rief: »Ätsch, ich wohne in einem Käfig und du nihicht!«

Da nahm die Hexe die beiden an den Händen, zerrte sie durch den ganzen Wald, klingelte an dem wunderschönen Reihenhaus und sagte: »Nehmen Sie bloß Ihre Blagen zurück, das hält ja keine Sau aus mit denen.«

Die Eltern aber schlossen Hänsel und Gretel überglücklich in die Arme, denn sie waren mittlerweile in eine schwere Krise gekommen und hatten erkennen müssen, daß das Leben erst ab drei Kindern wirklich einen Sinn hat.

Die Kunst der Lyrik

Joseph von Eichendorff dichtete den wunderschönen Vierzeiler:

»Schläft ein Lied in allen Dingen,
Die da träumen fort und fort,
Und die Welt hebt an zu singen,
Triffst Du nur das Zauberwort.«

Die Magie des Wortes – finden wir sie nicht auch in der täglichen Erziehungsarbeit?

Ich erinnere mich an eine Autofahrt ins Grüne, bei der es kurz hinter München von der Rückbank plötzlich tönte:

»Papa, sag mal ›Wolle‹!« »Wolle.« »Deine Eltern sind 'ne Arschkontrolle.« Quietschendes, wieherndes, blökendes Gelächter. Wir fuhren eine gute halbe Stunde. Ich habe in dieser Zeit ungefähr 150mal »Wolle« sagen müssen, jedesmal mit demselben Ergebnis, beim 150. Mal noch in derselben Intensität wie beim ersten.

Ja, triffst du nur das Zauberwort… Auf der Rückfahrt hieß es dann: »Papa, sag mal ›Keks‹!« »Keks.« »Bin schon unterwegs.« Brüllende, jubelnde Heiterkeit. Kreischen, Wälzen, fast Ersticken vor Vergnügen. 150mal Keks sagen, und die Welt hebt an zu singen. Der Reim ist seither aus dem Familienleben nicht mehr wegzudenken. Sag mal Banane / Hinter dir steht 'ne nackte Dame, sag mal Schwein / Du hast nur ein Bein, sag mal Klettergerüst / Du hast 'ne nackte Frau geküßt… Jederzeit kann man so gelangweilte, angeödete, müde, gereizte, quengelige Kinder in lachende, fröhliche Wesen verwandeln, die da träumen fort und fort.

Peter Rühmkorf schreibt freilich in seinem famosen Buch »agar agar zaurzaurim. Zur Naturgeschichte des Reims und der menschlichen Anklangsnerven« dem Reim nicht nur Unterhaltungswert zu. Er nennt ihn auch »ein sinnenfälliges Schiedsinstrument, mit dem sich Händel schlichten, Konkurrenzen austragen und individuelle Rechtsansprüche gegen die Forderungen des Gemeinsinns durchsetzen lassen beziehungsweise kollektive Verhaltensnormen gegen den subjektiven Störversuch verteidigen«. Der kindliche Wille reagiere »auf Endreimglocken wie auf Donnerworte und Gesetzestexte«. Mal abgesehen davon, daß meine Kinder weder auf Donnerworte noch auf Gesetzestexte sonderlich intensiv reagieren: Wie wahr! Dem Kind ist recht, was sich reimt.

Man lausche nur ein wenig an der Kinderzimmertüre. Anne wird irgendwann Max' Protzen mit seinen Lego-Autos mit einem »Angeber, Tütenkleber« beantworten. Danach das dumpfe Trommeln von Max' Fäusten auf Annes Brustkorb. Danach Annes gräßliches Heulen. Danach ihre Worte: »Hat ja gar nicht weh getan, bist ja nur aus Marzipan.« Danach Ruhe. Weiterspielen.

Zum Schluß aus Max' Schatzkästlein der zur Zeit

aktuelle Hit unter den Abzählversen: »Meister Eder geht aufs Klo, steckt den Finger in den Po, kriegt ihn nicht mehr raus, und du bist raus.«

Ja, schläft ein Lied in allen Dingen…

Heißer Draht

Wir stellen uns einen Familienvater vor, der in einem Reihenhaus am Stadtrand seine drei Kinder Anne, Max und Marie hütet. Das Telephon klingelt.

»Guten Tag, Herr Hacke, hier ist Stielike, Firma Stielike und Stielike, Anlageberatung. Haben Sie schon einmal darüber nachgedacht, wie Sie mehr aus Ihrem Geld machen können?«

Vater: »Schon einmal? Ich kenne keinen anderen Gedanken. Anne, spielst du ein bißchen mit Marie im Kinderzimmer? Der Papa muß mal telephonieren.«

Stielike: »Herr Hacke, wir könnten im persönlichen Gespräch eine in die Zukunft gerichtete Anlagestrategie…«

Vater: »Max, ich telephoniere mit einem fremden Herrn. Da ist nicht die Oma. Du kannst jetzt nicht den Hörer haben.«

Stielike: »…unter Berücksichtigung Ihrer Wünsche nach Rendite und Sicherheit entwickeln…«

Vater: »Max, es geht jetzt nicht…«

Stielike: »…übrigens ohne Kursrisiko. Was halten Sie davon, Herr Hacke…? Herr Hacke? Sind Sie noch da…? Wer ist denn da?«

Max: »Der Max.«

Stielike: »Ah ja.«

Vater: »Max, gib den Hörer…« (Versucht, dem Kind den Hörer zu entwinden.)

Max: »Wieviel ist acht und acht und acht?«

Stielike: »Äh, 24, wieso? Herr Hacke?«

Vater (entreißt Max brutal den Hörer). »Ja, das klingt sehr interessant, Herr Stielike.«

Stielike: »Also, um Ihr Beispiel aufzugreifen: Wir können innerhalb unseres Rentoquick-Fonds aus 24 000 Mark in zwei Jahren…«

Vater: »Anne, könnt Ihr nicht endlich ins Kinderzimmer…?«

Stielike: »…also, ich rechne mal, das werden mindestens…«

Vater: »Marie, jetzt halt doch mal die Klappe!«

Stielike: »…äh, die Klappe halten?«

Vater: »Entschuldigung, nicht Sie, die Marie.«

Stielike (lacht): »Also die Marie wird stimmen, wie schon Max Merkel immer sagte. Ich merke, wir können offen reden: Bei uns können Sie einen Haufen Kohle machen, Bimbes – Mann, Geld wie Würfelzucker. Wir machen Sie reich!«

Vater: »Oh Gott, nehmt der Marie das Obstmesser weg!«

Stielike: »Wenn Sie einen etwas risikoreicheren Aktienfonds wählen, da machen wir aus 24 000 in fünf Jahren locker…«

Vater: »Das Obstmesser! Leg es hin!« (Der Hörer poltert zu Boden, der Vater entwindet dem Kleinkind das Messer und nimmt den Hörer wieder auf. Marie schreit entsetzlich, Max poltert mit dem Skateboard die Treppe hinunter, Anne will Memory spielen.)

Stielike: »Störe ich eigentlich?«

Vater: »Nein, wieso? Ruhiger ist es hier nie. Anne, nachher spielen wir Memory, ganz ganz lange, im Moment ist es schlecht.«

Stielike: »Ja, aber ich fragte doch gerade, ob ich störe.«

Vater: »Ich sagte, es ist jetzt ganz schlecht, Putzilein, laß doch den Papa mal eben…«

Stielike: »Ihr Ton ist ja ganz erfrischend, aber ›Putzilein‹, ich meine, wir sind eine ganz seriöse Company.«

Vater: »Ja, nachher spielen wir doch, Putzilein, später. Beruhige doch mal die Marie, verdammt, ich muß hier telephonieren.«

Stielike: »Soll ich also später…?«

Vater: »Herr Stielike, wie hoch wäre die Rendite in folgendem Fall…? Max, Du kannst doch in der Küche kein Feuer machen! Was plätschert da oben eigentlich die ganze Zeit? Habt Ihr das Badewasser angestellt, oder was?! Herr Stielike?«

Stielike: »Ja?«

Vater: »Hier läuft Wasser die Treppe herunter. Und in der Küche brennt es.«

Stielike: »Oh.«

57

Vater: »Mein Sohn hat auf dem Küchentisch Feuer gemacht. Aber wenn das Wasser höher steigt, wird es das Feuer löschen.«

Stielike: »Kann ich etwas für Sie tun?«

Vater (kichert nervös): »Meiner kleinsten Tochter steht das Wasser bis zum Hals. Ja, Marie, ich komme gleich. Sagen Sie, wie hoch ist denn die Durchschnittsrendite Ihrer Papiere?«

Stielike: »Wie können Sie von Geld reden in Ihrer Lage?«

Vater (lacht irre): »Die beiden Großen sind jetzt rausgelaufen. Die Kleine zieh' ich gleich aus dem Wasser. Wir haben einen Moment Ruhe. Nennen Sie mir die Durchschnittsrendite. Kann man die Zinsen thesaurieren?«

Stielike: »Sie sind ja wirklich wahnsinnig!«

Vater: »Warum bin ich wahnsinnig? Weil ich drei Kinder habe?«

Stielike legt verzweifelt auf.

Vater: »Stielike! Stielike!!! Die Rendite, nennen Sie mir die Rendite. Die Renditike, ich will sie wissen, Mann. Hier ist es gerade ganz ruhig.«

Seine Stimme verhallt. So kam es, daß ein Vater von drei Kindern nicht reich wurde, obwohl er das Geld dringend gebraucht hätte.

Sprachgewalt

Heute wollen wir zuhören, wie ein Vater seinem Kind das Sprechen beibringt, ja? Das Kind wird bald zwei Jahre alt. Es heißt Marie und beherrscht erst drei Worte: Ja, ajjo und Dieter. Ja heißt ja, ajjo heißt hallo, und Dieter heißt »Dies da« und wird von dem kleinen Kind immer gesagt, wenn es auf einen bestimmten Gegenstand zeigt. Mehr Worte kennt das Kind nicht, auch das Wort »Nein« ist ihm noch fremd (ach, ein schönes Alter eigentlich).

Das Kind betritt den Raum.

»Hallo, Marie.«

»Ajjo!«

»Marie, möchtest du sprechen lernen…?«

»Ja.«

»Oh, Wahnsinn! Du verstehst mich ja schon. Paß auf, Marie, sag doch mal: Ohr!«

»Ajjo!«

»Marie, schau mal hier. Das ist ein Ohr.«

»Ajjo!«

»…ein Ohr, das hier.«

Das Kind zeigt mit dem Finger auf sein Ohr: »Dieter!«

»Ja, das da. Es ist ein Ohr.«

Das Kind, den Finger immer noch am Ohr: »Dieter.«

»Ja, ein Ohr. Sag: Ohr.«

»Oa.«

»Ja, super. Du kannst es ja sagen, dein viertes Wort. Nun paß auf: Das hier vorne, das ist deine Nase.«

Das Kind zeigt auf seine Nase. »Dieter.«

»Ja, das da, es ist die Nase.«

»Oa.«

»Nein, es ist die Nase.«

»Oa.«

»Nase, nicht Ohr.«

»Oa.«

»Nase.«

»Oa. Dieter. Oa.«

Zwei etwas größere Kinder, Anne und Max, betreten den Raum.

»Ajjo!«

»Weißt du eigentlich schon, Papa, daß Marie alles

versteht, was man sagt?« sagt Anne. »Sie kann Fragen beantworten.«

Papa: »Nee, wußte ich nicht.«

Anne (kichernd): »Marie, frißt du Klopapier?«

»Ja.«

Anne wälzt sich lachend unter dem Tisch.

Max (grinsend): »Marie, trinkst du aus der Kloschüssel?«

»Ja.«

Max wälzt sich lachend unter dem Tisch.

Papa: »Marie, ist dein Papa ein Idiot?«

»Ja.«

Marie wälzt sich lachend unter dem Tisch. Den Vater ergreift eine tiefe Melancholie. Nie wird sein Kind sprechen lernen. So viele Kinder können mit zwei schon ganze Sätze sagen, aber dieses nicht. Es ist alles so mühsam, so vergeblich. Wenn man wenigstens »Dieter« hieße, könnte das Kind einen schon mit Namen rufen. Der Vater schaut auf und schickt einen traurigen Blick in den Raum. Unter der Tischkante guckt ein kleines Kind hervor, strahlt und sagt: »Ajjo!« Greift sich ans Ohr und sagt: »Dieter. Oa.«

Da wälzt sich der Vater lachend unter dem Tisch.

Entwicklungshilfe

Max ist ein kleiner Junge, er hat viele Fragen, und das ist gut so.

»Papa, warum ist heute Sonntag?«

»Papa, können Neger auch 'ne rote Nase bekommen?«

»Papa, was heißt auf englisch: Skateboard?«

»Skateboard ist Englisch, Max.«

»Ach so.«

Aber zu zwei Themen hat Max keine Fragen mehr. Da weiß er schon alles. Das eine ist »Amerika«, das andere sind die »Ritters«.

»Papa, die Ritters waren die ersten Menschen auf der Welt.«

»Nein, Max, paß auf, ich will dir das erklären…«

»Und Papa, die Ritters wohnten in Amerika.«

»Nein, Max.«

»Doch, die wohnten in Amerika.«

»Nein, Max, paß mal auf, es war anders…«

»Doch! Es gab gute und böse Ritters, und die guten wohnten in Amerika.«

»Und die bösen?«

»Die wohnten auch in Amerika. Aber in Südamerika.«

»Achso.«

»Ja, und in Amerika gibt es auch ganz arme Menschen. Die sind so arm, die haben fei nichts zu essen.«

»Arme Ritters«, dachte ich und hätte beinahe gelacht, dabei wollte ich doch ernst sein und sagen: »Ja, Max, das stimmt, und deswegen wollen wir auch nicht dauernd Süßigkeiten kaufen.«

»Ja, aber der Willi, weißt schon, der Bruder von der Anna, der verreist da mal hin. Und dann gibt er denen was ab.«

Allerhand Gewürm

Max lispelt ein bißchen…ach, Quatsch, er stößt eben etwas mit der Zunge an, das ist nicht schlimm, das wird sich legen. Wenn er sagt: »Papa, bekomm' ich was Süßes?«, dann klingt »was Süßes« etwa so, als ob er es mit englischem ti-ejtsch aussprechen würde, also »wath Thütheth«.

»Papa, bekomm' ich wath Thütheth?«

»Max, ich hab' nichts Süßes.«

»Doch, da oben im Schrank ist etwas, ich weiß es.« Weith eth.

»Das mag sein, aber Kinder dürfen nicht so viel Süßigkeiten essen, das ist schlecht für ihre Zähne, und deshalb geb' ich dir nichts.«

»Manno! Nie bekomm' ich wath Thütheth.«

Aaaargh! Eines Tages werde ich einen dieser Drogendealer erwischen, die sich Süßwarenfabrikanten nennen und nichts anderes tun, als Kinder von Bonbons abhängig zu machen. Ich werde ihm einen Schokoriegel quer in den Mund schieben, ich werde ihn Überraschungseier fressen lassen und ihn in Honig wälzen und in einer heißen Pfanne langsam karamelisieren lassen, jaaaa, das werde ich.

Es wird eine süße, süße Rache. Die Süßwarenmanager nennen das Zeug, das sie vor den Kassen der Supermärkte auftürmen, »Quengelware«. Eltern warten aufs Bezah-

len, Kinder quengeln, Eltern sagen »nein«, Kinder quengeln weiter (schönes passendes Wort übrigens: quengeln), Eltern schwitzen, resignieren, bekommen Schuldgefühle, werden von ihren Kindern gehaßt, entfremden sich ihnen – es wird also ein Geschäft gemacht auf Kosten unserer Nerven.

Und dafür hassen wir die Süßwarenmanager!

Ich kann es nicht mehr hören, immer und überall: »Bekomm' ich wath Thütheth?« Neulich waren wir im »Museum für Mensch und Natur«, betrachteten dort Sielmann-Filme über das Geschlechtsleben der Stichlinge, glotzten Affenskelette an und standen am Schluß vor einem Diorama mit merkwürdigen Urtierchen und Urpflanzen, schabenartigen Krabbelwesen und allerhand Gewürm wie dem »vielborstigen Ringelwurm Burgessochacta« und dem »Priapswurm Louisella«, und plötzlich schreit Max, zappelnd und außer sich vor Aufregung: »Guck mal, Papa, da ist wath Thütheth!«

Ich denke: Halluziniert der Knabe schon? Ist er im Unterzucker? Soll ich ihm schnell ein Stückchen Milchschokolade…?

Ach was! Da lag vor uns unter all dem Getier auch die Nachbildung eines braungelben, daumennagelgroßen, fast transparenten Käferleins. Dies war der »urtümliche Gliederfüßer Canadaspis«. Und er sah, ich gebe es zu, wirklich aus wie ein Stückchen Weingummi.

Urlaubsreisen

Es gibt ja Familien mit drei Kindern, die zu ihren Urlaubsreisen abends aufbrechen. Die Kleinen würden dann, höre ich, die ganze Nacht schlafen, die Straßen seien frei, eine herrlich ruhige Autofahrt, Ankunft bei Sonnenaufgang im Ferienort.

Ich kann das nicht. Ich muß nachts nämlich selbst schlafen und kann dabei nicht Auto fahren. Überhaupt: morgens ankommen! Todmüde! Vollkommen fertig! Wie gerädert! Das geht doch nicht. Also stehen wir morgens auf und frühstücken und fahren los. Kurz vor der Autobahn, noch in München also, fragt Max zum erstenmal: »Wann sind wir endlich da?«

Meistens fahren wir nach Sardinien, man braucht ungefähr 24 Stunden.

»Ach, Max, ein bißchen dauert es noch.«

Bei Holzkirchen möchte Anne wissen: »Wann sind wir endlich da?«

»Ehrlich gesagt, Kinder: Wir kommen erst morgen früh an. Mit dem Schiff müssen wir auch noch fahren. Es dauert ganz lange.«

»Wann sind wir endlich da?« fragt Max bei Kufstein.

»Wann sind wir endlich da?« fragt Anne bei Innsbruck.

Antje ist immer ruhig. Sie hat eine Tüte mit Spielen und Überraschungen, auch Süßigkeiten für den Katastrophenfall. Sie singt Lieder mit den Kindern. Wir hören die Kassette mit dem Märchen vom Wolf und den sieben Geißlein. Am Brenner kenne ich dieses Märchen auswendig. »Wann sind wir endlich da?« denke ich. Max fragt: »Wann sind wir endlich da?« Anne fragt: »Wann sind wir endlich da?« Marie kann noch nicht sprechen. Was sie wohl sagen würde?

Am Gardasee die zweite Schlägerei auf der Rückbank. Alle Spiele sind gespielt. Antje sagt das Märchen von der Geiß und den sieben Wölfchen rückwärts auf. Max öffnet das Seitenfenster und versucht hinauszuklettern.

Anne gießt gelbe Limonade über meinen Kopf. Warum können wir nicht am Gardasee Urlaub machen? Ein Stau bei Modena. »Wann sind wir endlich da?« fragt eine gequälte Stimme aus einem VW-Bus neben uns. Man müßte aussteigen und Pause machen, aber das Innere des Wagens ist inzwischen mit Bonbonmasse ausgegossen wie mit Acryl, und wir kommen nicht heraus.

Vor uns fährt ein Reisebus. Die Kinder auf der letzten Bank halten ein Transparent, auf dem steht: »Wann sind wir endlich da?« Ich schalte das Radio ein. »Quando arriviamo finalmente?« singt Adriano Celentano. »Wahnsinnwirendlichda?« fragt der Chor der Gummibärchen im Handschuhfach. Und Antje hat so gute Nerven. Und ich bin ein Versager, ich schreie und brülle, und das Auto wird so leicht, wir heben ab und fliegen über das Mittelmeer, und der Tower Cagliari sagt: »Merken Sie denn nicht, daß Sie da sind? Springen Sie über der kleinen Bucht unten links ab!« Es ist morgens, und wir kommen an. Todmüde. Vollkommen fertig. Wie gerädert.

Um ehrlich zu sein: Ich schicke diesen Text aus Sardinien. Ich bin ein Schafhirte mit drei Kindern und einer geduldigen Frau. Wir leben von Pecorino und entführen ab und zu einen Millionär, um etwas dazuzuverdienen. Es ist schön hier. Wir sind endlich da. Wir kämen auch gern wieder zurück. Aber wir haben Angst vor der langen Fahrt.

Genesis

Am liebsten sitze ich mit Anne auf dem Sofa und lasse mir von ihr die Welt erklären. Meistens fängt das so an, daß sie ein paar Fragen stellt, zum Beispiel: »Papa, warum ist heute Sonntag?« Oder: »Warum gibt es Leute mit spitzen Nasen?« Oder: »Wenn ein Riese auf einem Planeten steht, ist der Planet dann immer noch höher?«

Dann sitze ich da und bin klein, blöd und unfähig, weil ich keine einzige Frage beantworten kann, ja, weil ich sie nicht einmal verstehe. Ich sage dann: »Ach, Anne, erklär' du mir lieber was.« Und Anne sagt: »Gut, dann erkläre ich dir, wie ein Mensch gemacht wird.«

»Hoppla«, denke ich, »woher weiß sie das denn mit ihren sechs Jahren?«

Anne sagt: »Zuerst wird der Kopf gemacht, aus Ton. Die Haare und die Knochen werden da hineingetan. Dann wird die Haut darüber gemacht, und oben macht man Löcher hinein, damit die Haare hinauswachsen können. Dann werden Knochen genommen und mit Haut bespannt – das sind dann die Lippen. Die muß er rot anmalen, der liebe Gott. Dann werden die Zähne reingesteckt und weiß angestrichen. Wie man die Augen macht, weiß ich nicht, aber die müssen ganz vorsichtig angemalt werden, damit der Spiegel nicht kaputtgeht; in den Augen spiegelt sich ja alles. Dann wird der ganze Rest gemacht, wieder aus Ton und wieder Haut drüber.

71

Und ganz am Anfang muß ja erst noch der liebe Gott vom lieben Gott gemacht werden, weil der liebe Gott macht ja alles, auch sich selber.«

Ich war erstaunt, weil ich davon keine Ahnung gehabt hatte. Später hat Anne dann wieder Fragen gestellt. Als ich ihr aus Pippi Langstrumpf im Taka-Tuka-Land das Kapitel vorlas, in welchem Pippis Vater, der Negerkönig Efraim I., vorkommt, hat Anne wissen wollen: »Papa, warum bist du kein Negerkönig?« Und ich wußte wieder keine Antwort, verdammt.

Ekelschleim

Ich weiß jetzt, was Kinder brauchen, um glücklich zu sein. Sie brauchen einen widerlich roten geleeartigen Schleimball. Und das kam so:

Bei uns gibt es einen Schreibwarenladen, das ist der Schreibix, und beim Schreibix gibt es Cola-Schlangen und eßbare weiße Wabbelmäuse und Gummibärchen. Und eines Tages gab es auch Schleimbälle. Für zwei Mark. Das Stück. Sie heißen nicht Schleimbälle, die Kinder nennen sie »Klebebälle«, weil sie an der Wand klebenbleiben, wenn man sie dagegen wirft. Aber sie sind aus Schleim, einem zähen, roten, schwabbeligen Ekelschleim, einer grauenhaften gallertartigen Masse, die ballrund ist, an der Wand haftend aber Kuhfladenform annimmt.

Irgend jemand hat Anne so einen Ball gekauft. Für zwei Mark. Das Stück. (Oh, hätte ich einmal eine solche Idee und würde sie vermarkten und wäre reich! Außerdem möchte ich einmal Menschen kennenlernen, die sich so etwas ausdenken. Ob sie selber Kinder haben? Oder Menschen mit Kindern hassen und sie deshalb ärgern wollen?) Als ich abends nach Hause gekommen bin, hat Anne geschrien: »Achtung, Papa!« Und flatsch! haftete an meiner Jacke roter Glibber. War das ein Jubel! War das eine Freude!

Am nächsten Morgen war der Schleimball weg. Ver-

74

schollen! Unauffindbar! Antje und ich, die Eltern, krochen unter Betten, lüpften Teppiche, durchwühlten Schubladen, glotzten ins Klo – weg. Anne stand heulend zwischen uns, aufgelöst, am Ende. Schluchzend: Sie könne heute nicht in den Kindergarten gehen. Sie könne überhaupt gar nichts tun. Gibt es ein Leben ohne Schleimball? Kann man glücklich sein ohne roten Klebedreck? Kann man nicht.

»Okay, Anne, hier hast du zwei Mark. Lauf zum Schreibix und kauf dir einen neuen.« Normalerweise würde ich ihr nie zwei Mark für solchen Quatsch geben. Normalerweise würde Anne, die die Schüchternheit ihres Vaters geerbt hat, auch nie alleine zum Schreibix gehen, um sich was zu kaufen. Das hier war eine Ausnahme. Ein Notfall. Eine existentielle Grenzsituation. Die zwei Mark in der Hand eilte sie glückstrahlend sofort los.

Nach fünf Minuten kam sie heulend wieder, Rotz und Wasser. Die Schleimbälle waren ausverkauft. Erst nachmittags würde es sie wieder geben. Unmöglich, in den Kindergarten zu gehen! Was soll man im Kindergarten ohne Schleimball? Lächerlich! Absurde Vorstellung! Alle haben Schleimbälle, nur Anne nicht.

Ich mußte dann ins Büro. Ich weiß nicht, wie Antje und Anne und die anderen den Vormittag überlebt haben. Ich weiß auch nicht, wo sie dieses Ding dann gefunden haben. Sie haben es jedenfalls gefunden. Das

Glück ist eine rote Gallertkugel. Als ich abends zur Tür hereinkam, schwupp!, kam sie mir wieder entgegengeflogen, und ich konnte sie gerade noch auffangen. Ist doch eigentlich ein schönes Gefühl – wenn einem das Glück an den Fingern klebt.

Affe tot

Ach, in unserem Garten liegt ein tot-tot-toter Gorilla!
Schrecklich und dunkel, die Leiche unterm Flieder-
busch, und vor mir die Leserpost. Frau K. aus M.
schreibt, der Erziehungsberater sei offenbar einer jener
toleranten Väter, die ihren Kindern gute Kameraden sein
wollten. Kinder aber wollten Grenzen!

Als der Gorilla kam, war er groß und schwarz, größer
als Anne, und die ist schon sechs Jahre alt, und schwärzer
als Max, und der ist manchmal sehr schwarz, besonders
wenn er vom Fußballplatz kommt. Ich hab' ihn selbst
mitgebracht, einen schwarz-schwarz-schwarzen aufblas-
baren Gummi-Gorilla. Nun liegt er da unten, ich sehe
ihn aus dem Fenster. Liebe Frau K., wir leben in einer
Gesellschaft, in der es keine Grenzen gibt, in der jeder tut,
was er will. Die Erwachsenen sind kindisch und die
Kinder erwachsen. Große Menschen fahren Fahrrad in
lächerlichen, über ihre fetten Körper gespannten kana-
rigelben Klamotten; kleine Menschen sehen fern bis in
die Puppen und werden von den Werbefilmern dazu
abgerichtet, ihren Eltern das Geld aus der Tasche zu
ziehen. Aber ich soll Grenzen setzen, ja?!

Gorilla-Leichen im Garten – das hat auch nicht jeder.
Die Kinder haben wunderbar mit dem Riesentier gespielt, haben es überallhin mitgeschleppt, ins Schwimmbad und zu den Freunden, aber ziemlich bald ist Marie

mit diesem King-Kong in den Armen am Rosenstrauch vorbeigegangen, und seitdem ist irgendwo ein kleines Loch, und langsam entweicht die Luft. Hören Sie, Frau K.! Wir halten die Kleinen vom Fernseher fern, weil wir glauben, daß Kinder nicht fernsehen sollten. Wir geben ihnen kaum Süßigkeiten, weil wir sie gesund ernähren wollen. Sie bekommen möglichst wenig Spielzeug, denn wir möchten sie nicht verwöhnen. Aber die Kinder haben Freunde, die immerzu fernsehen dürfen, die soviel Süßigkeiten bekommen, wie sie wollen, und in deren Zimmern sich die Spielzeugberge türmen. Ich beklage mich nicht. Ich sage nur: Es ist nicht so einfach, sich nicht zum Affen machen zu lassen.

Ach, in meinem Garten liegt ein tot-tot-toter Gorilla! Vielleicht sollte ich dieses Loch reparieren, aber ich weiß nicht genau, wo es ist. Außerdem bin ich zu faul. Es ist gerade so schön ruhig. Müßte ein guter Vater das Loch aber nicht doch zukleben? Frau K.? Frau Kahaa! Mir läßt Ihr Brief keine Ruhe. »Hilflose Väter, fern jeder Auto-

rität – sind das die Väter, die Kinder sich wünschen?«
haben Sie geschrieben. Sie scheinen mich für einen
Waschlappen zu halten. Ich fürchte, mein Sohn hält
mich für einen autoritären Knochen, weil ich ihn heute
wieder unter groben Drohungen zum Zähneputzen
gezwungen habe. Kinder nehmen ja ohne Debatte nichts
mehr hin. Ich ziehe eine Grenze nach der anderen, aber
die Kinder akzeptieren sie einfach nicht. Eigentlich
prima, solche Kinder. Sie sind nur etwas anstrengend.

Es gibt nichts Lächerlicheres als einen aufgeblasenen
Gorilla, der auf dem Rücken liegt, während ihm leise die
Luft entweicht. Dabei war er den Kindern ein guter
Kamerad. Vor zwei Tagen noch ragten Arme und Beine
in den Himmel, nun liegen sie platt auf der Seite. Der
schwarze Bauch ist ganz runzelig und lasch. Die Stirn
wird immer flacher. Ein letztes Wort noch, Frau K.! Ihr
Brief liegt in einem Stapel von anderen Briefen. Hier sind
zum Beispiel die Zuschriften von Herrn K. aus S. und
Herrn M. aus M., die beide behaupten, ich hätte in den
bisherigen Kapiteln nicht über meine eigene, sondern
über ihre jeweilige Familie berichtet. Herr M. verdächtigt
mich sogar des Besitzes einer Tarnkappe. Herr F. aus P.
teilt mit, die Lektüre des Erziehungsberaters verschaffe
ihm »die fast therapeutische Erleichterung, daß es mit
den eigenen Kindern wohl doch nicht so schlimm ist,
wenn es den anderen – fast wortgleich – ebenso geht«.

Sie sehen, Frau K., ich bin nicht allein. Wir sind viele.

Wir stehen bis zum Hals in Verwirrung. Aber hilflos sind wir nicht. Wir haben kein richtiges pädagogisches Rezept. Wer hat das schon in diesen Zeiten? Es gab Elterngenerationen, die wußten genau, worin Erziehung zu bestehen habe. Die hatten Konzepte – ich weiß bloß nicht, ob es die richtigen waren. Wir hingegen sind nicht autoritär. Wir sind auch nicht anti-autoritär. Wir wurschteln uns so durch. Manchmal denken wir, wir machen alles falsch. Aber wir wollen nicht larmoyant sein. Wir lieben die Stürme, die brausenden Wogen, und kleine Kinder lieben wir auch, mit kurzen Unterbrechungen jedenfalls. (Und jetzt alle: ...und dehennohoch sank unsere Fahahahne nicht!)

Frau K.! Wir grüßen Sie mit bekleckerten Hosen und blanken Nerven. Wir grüßen auch im Namen aller Erziehungsberaterinnen, die uns verfluchen, weil wir tagsüber ins Büro gehen und uns vor anderen dicketun als sorgende Väter mit reizenden Kindern, während sie die Arbeit machen. Wir grüßen im Namen einer ganzen überforderten Elterngeneration.

Und jetzt muß ich Schluß machen, Frau K., mit dem Brief, meine ich. Ich will nämlich doch noch diesen Scheiß-Gorilla reparieren.

Tödliche Doris

Manchmal wär' ich am liebsten Mittelfeldmotor von Beruf und hieße vielleicht Lothar Matthäus, oder gern wär' ich auch Wimbledonsieger oder wenigstens Kranführer – irgendwas jedenfalls, unter dem ein kleiner Junge sich was vorstellen kann. Journalist! Neulich mußten sie im Kindergarten ein Bild malen: »Mein Vater bei der Arbeit.« Max hat einen Mann am Schreibtisch gemalt, und die Frage der Kindergärtnerin nach dem Titel des Bildes hat er so beantwortet: »Mein Vater sitzt auf einem Drehstuhl und faltet Zeitungen.« Ach, ich wär' so gern ein Vorbildvater, Sportsvater! Der Junge zieht ja eine neue Hose nur noch an, wenn man ihm hundertprozentig versichert, das sei eine »Sporthose«, und im Fernsehen will er immerzu »Doris Becker« sehen. Aber Fernsehen gibt's bei uns nicht für Kinder.

»Max, der heißt Boris Becker.« (Bißchen mehr als die Kleinen weiß unsereiner ja schon noch.)

»Ach so. Darf ich den jetzt im Fernsehen sehen?«

Ich selbst spiele ja bloß Hockey. Nicht Eishockey: Feld- und Hallenhockey. Eine brotlose Sportart. Ich weiß nicht, ob der Junge das lernen soll. Wenn man ihm Tennis beibringen würde, müßte ich vielleicht nicht mein ganzes Leben arbeiten. Um ihm zu zeigen, was für ein toller Kerl ich bin, nehme ich ihn manchmal zu Punktspielen mit. Letzten Sonntag hat er auf dem Weg zum Sportplatz gesagt: »Papa, versprichst du mir, daß du ein Tor schießt, wenn du am Tor vorbeikommst?«

»Klar, Max, mach' ich.«

Wir haben dann Unentschieden gespielt, 2 : 2. Ich bin auch am Tor vorbeigekommen, um ganz ehrlich zu sein: Ich, der Mittelstürmer, hatte zwei dicke Chancen auf dem Schläger. Ich hab' sie vertan. Einmal stand ich sogar allein vor dem Tor – vorbeigehauen. Ein rabenschwarzer Tag. Unser Kapitän hat zu mir gesagt: »Und was willst du jetzt deinem Sohn erzählen? Uns kannst du's ja schon lang nicht mehr erklären.«

»Papa, hast du auch ein Tor geschossen?«

»Nein, Max, also, ich... Weißt du – ich mußte einfach keins schießen, wir haben auch so einen Punkt gewonnen. Komm! Ich kauf' dir ein Eis.«

Am Montag bin ich dann wieder Zeitungen falten gegangen.

Karius & Baktus

Vor einigen Jahren haben wir eine Tonbandkassette mit einem kleinen Hörspiel geschenkt bekommen.

Von einem Jungen namens Jens war da die Rede, der sich nie die Zähne putzte und in dessen Gebiß deshalb zwei winzige Widerlinge namens Karius und Baktus große Löcher hackten, bis Jens entsetzliche Zahnschmerzen bekam. Die Kinder haben das interessant gefunden. Auch ich habe die Kassette seither wohl tausendmal hören dürfen. Wir brauchen sie eigentlich gar nicht mehr. Wir können sie nämlich auswendig.

Pädagogisch haben wir dieses liebe Geschenk folgendermaßen eingesetzt: Die Kinder mußten fortan unter unserer Aufsicht zähneputzen. (»Zähneputzen« ist übrigens ein zusammenhängendes Verb, »ich zähneputze«, sagt Max, »du zähneputzt, er zähneputzt...«) Jedesmal, wenn sie Zahncreme ins Waschbecken spuckten, haben Antje oder ich gerufen: »Schau, da ist der Baktus drin. Noch ein bißchen weiterputzen, dann kommt der Karius auch noch.« Oder so ähnlich halt. Es geht seit Jahren so, ich sagte es schon.

Die Sache ist zur Routine geworden. Irgendwann sind wir beim Zähneputzen mal rausgegangen, bis Max und Anne gerufen haben: »Was ist da drin?« Dann sind wir gekommen, haben kurz geschaut und haben mürrisch gesagt: »Der Karius.« Oder: »Die Hälfte. Schön weiter-putzen!« Es kam der Tag, an dem ich gar nicht mehr hingegangen bin. Max hat ins Erdgeschoß runtergebrüllt: »Was ist da drin?« Und ich habe in den zweiten Stock hinaufgeschrien: »Die Hälfte.« Oder: »Dreiviertel.« Oder: »Alles.« Irgendwie scheinen die Kinder zu glauben, wir hätten seherische Fähigkeiten. Oder sie brauchen dieses Ritual. Jedenfalls fragen sie immer wieder, morgens um sieben und abends um sieben: »Was ist da drin?«

Was soll ich jetzt machen? Soll ich ihnen erklären, daß es Karius und Baktus nicht gibt? Daß ich in diesem weißen Zahncremeschaum genausowenig erkenne wie sie? Das geht nicht. Dann glauben sie mir am Ende nichts mehr.

Also brülle ich weiter, aus dem Garten, aus der Küche, aus dem Bett: »Die Hälfte!« Lassen wir die Dinge, wie sie sind. Elternschaft ist eine Form milden Irreseins, da kommt es auf ein Zähneputzritual auch nicht mehr an.

So wird es gehen bis in alle Ewigkeit. Ich werde eines Tages im Schaukelstuhl eines Seniorenheims sitzen, und das Telephon wird zweimal am Tag klingeln, und ich werde ein wenig schwerhörig sein, und mein Sohn, der dann als Cola-Manager in Atlanta/Georgia leben wird, wird in mein Ohr schreien: »Was ist da drin?« Und ich werde zurückbrüllen über den Atlantik und halb Nord-amerika: »Die Hälfte! Weiterputzen!«

Bittere Semmeln

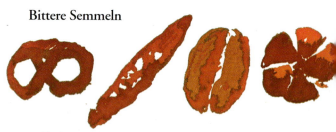

Soll ich erzählen, warum ich nie wieder frische Semmeln zum Frühstück hole?

Eines Tages wollte ich morgens frische Semmeln holen und rief fröhlich durchs Haus: »Ich geh' jetzt Semmeln holen! Wer kommt mihit?«

Stille. »Max, willst du nicht mit?« fragte ich, aber er lehnte ab, und ich freute mich auf ein paar ruhige Minuten in der Morgenluft.

»Ach, ich geh' mit, Papa«, sagte Anne, als ich schon fast draußen war. »Darf ich meine Lackschuhe anziehen?«

»Nein, Anne, das geht nicht. Es hat die ganze Nacht geregnet, und ein bißchen regnet es immer noch. Zieh bitte Gummistiefel an.«

»Ich mag aber keine Gummistiefel.«

»Dann mußt du eben hierbleiben.«

»Ich will aber mit.«

»Ja, aber mit Lackschuhen geht das nicht, Anne. Sie gehen kaputt im Regen.« Sie heulte laut und zornig. Max stand in der Tür: »Ich geh' doch mit, Papa.«

»Ja, ist gut, Max, dann zieh du auch Gummistiefel an.«

»Ja, aber wo sind die?«

Ich rief durchs Haus: »Wo sind denn Max' Gummistiefel?« Antje antwortete: »Im Keller.«

»Max, gehst du bitte runter und holst sie?« Max ging in den Keller. Antje sagte: »Kannst du nicht Marie auch mitnehmen?« Klar könne ich das, sagte ich und setzte mich auf die Treppe, um ihr Gummistiefel anzuziehen. Aus dem Keller rief Max: »Hier sind meine Gummistiefel nicht!«

»Moment, ich werde mal in deinem Zimmer nachschauen«, rief ich und stellte Marie für einen Augenblick wieder ab. Sie begann zu weinen, weil sie dachte, ich wolle ohne sie frische Semmeln holen gehen. Anne heulte immer noch. Oben waren die Gummistiefel auch nicht. »Anne, kann Max nicht schnell deine Gummistiefel anziehen? Du willst sie ja eh nicht, bleibste eben so lange hier.«

Hastig zog sich Anne ihre Gummistiefel an, öffnete die Tür und ging raus. Max schrie: »Gebt mir jetzt endlich meine Gummistiefel!« Ich beruhigte Marie und zog ihr einen Stiefel an. Anne sagte: »Max' Stiefel stehen hier draußen vor der Tür.« Ich sagte: »Mensch, Junge, wie oft hab' ich dir schon gesagt, du sollst die Stiefel nicht draußen stehenlassen. Jetzt sind sie innen naß.« Max versuchte, sich die Stiefel anzuziehen. Ich sagte: »Max, das geht nicht, laß sie stehen.« Er machte weiter. Ich stellte Marie kurz ab und nahm Max seine Stiefel weg, in denen vom Wolkenbruch in der Nacht fingerhoch das Wasser stand. Sein rechter Strumpf war bereits klatschnaß. Marie brüllte, weil sie schon wieder dachte, ich wolle ohne sie aufbrechen. Max schrie, weil er seine Stiefel wollte. Anne fragte: »Wann gehen wir endlich los?«

Ich zog Marie ihren zweiten Stiefel an. »Max«, sagte ich, »dann bleib eben hier, wir sind ja gleich wieder da.«

»Ich will aber mit!« brüllte Max.

Ich schwitzte und hatte Hunger. »Ich laufe jetzt alleine schnell zum Bäcker, bleibt alle hier!« schrie ich. »Dieser Semmelstiefelwahnsinn!« Schrilles Gebrüll, dreistimmig. So würde es nicht gehen. »Dann zieh in drei Teufels Namen deine Turnschuhe an, Max, aber patsch nicht in jede Pfütze damit. Und hol dir trockene Strümpfe vorher.«

»Manno, dann muß ich ja schon wieder nach oben in mein Zimmer.«

Marie war inzwischen auch hinausgegangen. Weil Anne die Haustür geöffnet hatte, hatten die Nachbarn alles mitgehört und sich neugierig vor unserem Haus versammelt. Max kam mit Turnschuhen wieder und ging hinaus.

»Aaaaaah!!!« brüllte Anne, »er darf seine Turnschuhe anziehen, aber ich nicht die Lackschuhe!« Die Nachbarn betrachteten mich erwartungsvoll. Marie war bereits in eine Riesenpfütze gefallen und hüftabwärts vollkommen durchnäßt. Max wollte lieb sein und half ihr wieder auf

die Beine, wobei er bis zu den Knöcheln mit den Turnschuhen ins Wasser trat. Ich nahm Marie auf den Arm. Auf meinem Mantel bildeten sich große Schlammflecken.

So machten wir uns auf den Weg, bahnten uns eine Gasse durch die Menschenansammlung, eine kleine Karawane, hungrig, schmutzig, verschwitzt, entnervt. Wir holten frische Semmeln. Zum letztenmal für viele Jahre.

Sieben Geld

Jeden Sonntagmorgen um sechs betritt ein kleiner, ernster Mann mein Zimmer, geht an den Nachtschrank und zählt das Geld, das dort liegt. (Ich trage die Münzen immer lose in der Hosentasche und lege sie abends dorthin.) Er zählt mit flüsternder Stimme und sagt dann laut: »Papa, du hast acht Geld.«

»Arrmmmpfff«, sage ich und beiße in mein weiches Kissen.

»Papa, ist acht Geld mehr als sieben Geld?«

»Murrmpffff.« Wer ist dieser merkwürdig ernste, kleine Mann?

»Papa, sind neun Geld mehr als sechs Geld?«

»Chrrrmmmmpffff.« Wenn man ihm sieben Pfennigstücke in der einen und ein Markstück in der anderen Hand hinhält, wird er die sieben Pfennige nehmen, weil er denkt, das sei mehr.

»Papa, warum hast du soviel Geld?«

Es sind wirklich nur ein paar kleine Münzen, aber er kennt bloß ihre Zahl, nicht den Wert. Ich werde mir in Zukunft mein Gehalt in sehr kleinen Scheinen auszahlen lassen.

»Papa, was ist heute für ein Tag?«

Oh, Kissen! Kissen! Niemand soll uns trennen! Acht Kissen sind mehr als sieben.

»Papa, ist heute Sonntag?«

»Ist heute Sonntag?« denke ich.

»Papa, haben heute die Läden offen?«

Wer genau hatte eigentlich damals die Idee, den Kindern ihr Taschengeld sonntags auszuzahlen, damit sie es nicht gleich ausgeben können? Wer war es? Wer?!!

»Papa, darf ich mir mein Taschengeld nehmen?«

Sechs Uhr zehn. Sonntag ist sein wichtigster Tag. Als wir ihm eines Samstags erzählten, er bekomme jetzt jeden Sonntag eine Mark Taschengeld, kam gerade sein Freund Willi zur Tür herein und wollte sich für den nächsten Tag mit ihm verabreden. »Morgen habe ich keine Zeit«, hat der kleine, ernste Mann da gesagt. »Da bekomme ich Taschengeld.«

»Papa, darf ich das Taschengeld für Anne auch gleich mitnehmen?«

»Wasnlosmpffff.«

»Dann nehme ich zwei Fuchzgerl für mich und ein Markstück für Anne.« (Ach, jetzt kennt er die Münzen auf einmal doch!) Weg ist der kleine, ernste Mann. Oh, umdrehen und noch ein bißchen kissenkissenkissen. Manchmal hilft alles nichts, manchmal muß man sich seine Sonntagsruhe eben einfach erkaufen. Die eigenen Kinder bestechen, mit Geld beruhigen. Mist, aber es ist so.

Und wer ist jetzt dieses kleine, heulende, ganz und gar verzweifelte Mädchen neben meinem Bett? Was sagt es? Was will es? Sechs Uhr fünfzehn.

»Papa, der Max hat zwei Geld, und ich hab' bloß eines. Das ist ungerecht!«

Ungerecht. Sechs Uhr sechzehn. Das ist ungerecht. Ruhe kann man nicht kaufen. Ruhe ist unbezahlbar. Ruhe ist – was ist Ruhe? Es ist Sonntag, und der kleine Mann ist wieder ernst und das kleine Mädchen wieder verzweifelt. Und ich? Ach, Kissen.

Schöne Tage

Soweit ich weiß, gibt es auch Menschen, die keine Kinder haben wollen. Ich glaube, sie schlafen am Wochenende lieber lange, und später am Tage sieht man, wie sie ihre Mountainbikes aufs Auto laden und zu einsamen Radtouren in die Berge aufbrechen, und sie wohnen in Altbauwohnungen mit ganz viel Ambiente, weil sie eine Menge Geld haben, denn von ihrem Gehalt müssen ja nur sie allein leben, und wenn sie Lust haben, tragen sie zwei Armani-Sakkos übereinander und essen pochierte Ameiseneier, und wird es dunkel, stellen sie die Musik ganz laut, um ihre eigenen Seufzer nicht zu hören. Na ja, entschuldigen Sie. So stelle ich mir das eben vor.

Manchmal beneide ich diese Leute, aber dann auch wieder nicht, denn sie haben keine Marie, die sie beim Essen anschaut und den Kopf schieflegt und mit leiser, heller Stimme sagt: »Schmeckt gut, ja?« Einen Max haben sie schon gar nicht, für den sie im Schwimmbad das Seeungeheuer spielen, und nur einmal im Leben haben sie einen ersten Schultag, ihren eigenen.

Das ist schon ein paar Wochen her, daß Anne in die Schule gekommen ist, aber ich werde den Tag nie vergessen. Sie haben eine wunderschöne Feier gemacht mit Schülern, Lehrern und Eltern als Publikum vor einer Bühne, auf der die Lehrerin stand und die neuen Schüler einzeln mit Namen rief. Jedes Kind mußte auf die Bühne kommen, gab der Lehrerin die Hand und bekam eine Sonnenblume, und als alle da waren, erzählte sie ihnen eine Geschichte, und dann gingen alle zusammen in ihr Klassenzimmer.

Wissen Sie, was Antje und ich gedacht haben, als wir mit Anne im Auditorium saßen und warteten, daß sie aufgerufen wurde? Nie, haben wir gedacht, nie geht Anne allein an den ganzen Leuten vorbei, nie geht sie allein auf die Bühne, und nie gibt sie der Lehrerin allein die Hand. Never! (Sie ist so schüchtern wie ihr Vater, ich hab' das schon mal erzählt, und so stur wie er ist sie sowieso.)

Und was geschah, als die Lehrerin »Anne Hacke« rief? Anne stand auf, ging allein an den ganzen Leuten vorbei, allein auf die Bühne, und allein gab sie der Lehrerin die Hand. Einmal hat sie sich umgeschaut unterwegs. Und ich saß da, und mir zitterte die Unterlippe, aber geheult habe ich erst nachts, als ich aufwachte und wieder daran denken mußte. Steht das Kind auf und geht allein weg von uns, dachte ich – das ist schön und schwer zugleich. Erziehen heißt, dachte ich noch, Kinder in Unabhängigkeit und Selbständigkeit zu führen, und davon haben wir wieder ein Stück geschafft – Antje vor allem natürlich, aber ich auch ein bißchen.

Antje hat übrigens gesagt, sie hätte nachmittags im Garten hinter der Hecke Anne und Felix belauscht, ihren Freund und Schulkameraden, und Anne hätte gesagt:

»Ach, was hatten wir heute für einen schönen Tag, Felix.
Und morgen haben wir wieder so einen schönen.«
 Und ich auch, Leute. Ich auch!

Autoritätsverluste

Das Schönste im Elternleben sind die Gespräche mit anderen Eltern, trostreiche Abendunterhaltungen, wenn die Kinder schlafen und das Babyphon leise rauscht und knarzt. Dann reden wir über Erziehen und Nichterziehen, über Windeln und Wandeln und das Wunder des Erwachsenwerdens. Neulich erzählte Luise, wie schön das letzte Wochenende gewesen sei, als sie habe ausschlafen dürfen, weil Uwe sich morgens um die Kleinen gekümmert habe, und sie sprach den unsterblichen Satz: »Uwe hat die Kinder gemacht, und ich habe Kaffee getrunken.«

Aber wissen möchte sie schon, rief Claudia dann, warum normalerweise die Frauen immer sofort aufstehen, wenn die Kinder Mist machen oder etwas umschmeißen, und die Männer immer sitzenbleiben?

Das sei so eine Art Grundgesetz des Zusammenlebens, hat Antje ihr erklärt.

»Aber warum?« hat Claudia gerufen.

»Männer sehen eben alles lockerer«, warf ich müde ein, denn ich wußte, daß ich nicht recht hatte.

»Nein, sie wissen, daß die Frauen schon aufstehen werden«, sagte Antje.

Da ging die Tür noch einmal auf, und Luise-Uwes Töchterlein stand da und schrie: »Mama, was hab' ich dir gesagt?! Hast du das nicht verstanden? Du sollst doch meine Lieblingsbluse neben mein Bett legen, damit ich sie morgen früh gleich habe!«

Ja, die Kinder sind heute autoritärer als die Eltern, und sie sind abgeklärt und überlegen. Antje hat erzählt, nach einer Auseinandersetzung mit der kleinen Anne sei sie ratlos und verzweifelt dagestanden und habe gesagt: »Anne, muß das denn alles sein?« Und Anne habe bloß gesagt: »Was willst du denn? Kinder sind nun mal so.«

Ich steuere an diesen Abenden gern die Geschichte von Max bei, der uns, als wir auf der Terrasse saßen und Kaffee tranken, mit kleinen Steinchen bewarf. Als ich ihm zurief, er solle endlich aufhören, flüsterte Anne ihrem Bruder so laut, daß wir es hören konnten, ins Ohr: »Mach ruhig weiter.« Ich bekam einen Schreianfall wie Herbert Wehner im Bundestag zu seinen besten Zeiten, und als ich fertig war, sagte Anne: »Komm Max, wir gehen hinters Haus und lachen.«

Diese Episode erzähle ich aber nur sehr guten Freunden. Die Leute sollen nicht denken, daß mich die Kleinen für eine Witzfigur halten.

Kriegstreiber

Heute morgen sagte der Frosch, der in meiner Dusche sitzt: »Wie stehen Sie eigentlich zur Bewaffnung von Kindern?«

Ich hielt mich mit beiden Händen am oberen Rand der Duschkabine fest und ließ mir das heiße Wasser auf die Schulterblätter prasseln. »Genauso wie zu Fröschen«, antwortete ich.

»Und was halten Sie von Fröschen?« fragte der Frosch neugierig.

»Ich finde sie eklig«, sagte ich. »Glitschig und greulich.«

Der Frosch zog seine Mundwinkel nach unten und sagte: »Sehr freundlich.«

»Sie haben mich ja gefragt«, sagte ich.

»Aber ich bin gar kein echter Frosch«, sagte der Frosch. »Ich bin aus Gummi wie der nachgemachte Genscherkopf auf Ihrem Nachtschrank, und ich quietsche, wenn ich gedrückt werde.«

»So ähnlich wie unsere neue Wasserpistole«, sagte ich.

»Wasserpistolen töten nicht«, sagte der Frosch.

»Das wäre ja noch schöner«, antwortete ich. »Dann würde ich hier schon lange nicht mehr duschen. Meine Kinder sollen friedliche Menschen sein, deshalb bekommen sie keine Spielzeugwaffen.«

»Und woher haben Max und Anne dann die Wasserpistolen?« fragte der Duschfrosch.

»Vom freien Markt«, sagte ich. »Von Philipp oder von Felix oder sonstwem. Wer Waffen will, der bekommt sie auch. Neulich habe ich Max einen Leibnizkeks gegeben, und er hat so davon abgebissen, daß der Keks die Form einer Pistole hatte. Dann hat er auf mich gefeuert.«

»Hatten Sie als Kind keine Spielzeugpistole?« fragte der Frosch. Er ging mir auf die Nerven, und ich beschloß, ihn bei nächster Gelegenheit jemand anders zum Geburtstag zu schenken.

»Doch, ich hatte ein Cowboygewehr und kleine Plastiksoldaten und Panzer dazu.«

»Na also. Sie sind doch auch ein friedlicher Mensch geworden.«

»Leider nicht«, sagte ich, »ich bin aggressiv und gefährlich. Neulich habe ich Max sogar eine Ohrfeige gegeben.«

»Mal wieder Schuldgefühle, hä?« fragte der Frosch. Ich beschloß, morgens nicht mehr zu duschen.

»Man ist so machtlos«, jammerte ich. Das Duschwasser, das mir über das Gesicht rann, schmeckte salzig. »Ich kenne einen Jungen, in dessen Kindergarten haben sie eine Friedenswerkstatt veranstaltet, und als er nach Hause kam, hat er gesagt, das beste daran seien diese Holzkreuze gewesen. Die eigneten sich prima als Schwerter, man müsse nur den Querbalken auf beiden Seiten etwas kürzen.«

»Ich mag keine Friedenswerkstätten«, quakte der Frosch.

»Bruno Bettelheim hat geschrieben, man dürfe Kin-

dern Waffen nicht verweigern, wenn sie danach verlangen«, sagte ich. »Die Kinder dächten sonst, schrieb er, man liebe sie nicht, weil man ihnen das Notwendige zur Verteidigung gegen andere Kinder verweigere. Ist das nicht schrecklich? Wie bei den Erwachsenen. Die einen haben Waffen, also müssen sie auch die anderen haben. Was soll man tun? Was man auch macht: Es ist verkehrt. Und wie friedliebend man auch ist: Irgendwie bewaffnen sie sich immer.«

»Sie Jammerlappen«, sagte der Frosch. »Sie sind ja völlig ratlos. Ist das hier eine Erziehungsberatung oder was?«

»In erster Linie ist es eine Dusche«, sagte ich leise.

Meakuhkuh

In den Wäldern Umbriens, hinter den großen Bergen, Freunde, wächst ein Stier heran, der trägt den Namen Meakuhkuh, und eines Tages wird er ... aber der Reihe nach.

Wir waren kürzlich für zwei Wochen auf einem kleinen, so einsamen wie biodynamischen Bauernhof in der Nähe von Perugia, wo es viele Tiere gab und auch den Herrn Leberhart, der sich hinten auf dem Hof eine Ferienwohnung ausbaute und eigentlich Eberhard hieß, aber Anne nannte ihn Leberhart. Auf diesem Hof krähte morgens um sechs ein Hahn, abends redeten wir über Meditation und Atemtechnik und am Tag über Pflanzen und Tiere, und zwischendurch haben wir Marie angeschubst, die von sechs Uhr morgens bis acht Uhr abends auf einer Schaukel unter einem großen Ölbaum saß und »Meabupf!!!« brüllte, also: »Mehr schubsen!«

»Brot wächst auf Bäumen, gell?« hat Max gesagt, und ich habe vom großen Toastbrotbaum erzählt, der in Amerika steht und den ich mal bei uns in den Garten pflanzen will. »Und nach Amerika muß man schwimmen, oder?« wollte Max wissen. Ich habe gesagt, daß ich schon ein paarmal rübergeschwommen sei, und als ich

nicht mehr weitergekonnt hätte, hätten mich die Fliegenden Fische an Land getragen. »Muß man wirklich schwimmen? Kann man da nicht außen rum?« fragte der wißbegierigste aller Söhne. Nein, da könne man nicht außen rum, hat Anne ihm erklärt, und dann ist ihr eingefallen, daß im Meer ja die Killerwale sind. »Mei, die

Killerwale!« rief ich, »die hatte ich schon ganz vergessen.« »Macht nichts«, hat Anne gesagt, »die Killerwale sind auch lieb, gell? Wir haben zu Hause Goldfische.«

»Meabupf!!« hat Marie geschrien, und wir haben sie so kräftig geschubst, daß sie bis zum guten Mond emporflog, der sie sehr erstaunt anschaute, weil er den kleinen Häwelmann erwartet hatte. Als sie wieder herunterkam, rief sie: »Meakao!« Wir gaben ihr noch eine Tasse Kakao und gingen zu den Kühen, um ihr zu zeigen, wo die Milch herkommt für den Kakao, und, kuckmalan!, da lag neben einer Kuh ein Kälbchen, das gerade eben zur Welt gekommen war. »Meakuhkuh!!!« rief Marie, und da hatte sie auch wieder recht und der kleine Stier hatte einen wunderschönen Namen.

Ja, und wenn die Marie groß ist und Meakuhkuh auch, dann fahren wir wieder nach Umbrien und reiten alle zusammen auf dem Stier über die Berge, und er kann bei uns im Garten wohnen, bei den Goldfischen unter dem Toastbrotbaum, und wenn es Nacht wird, dann meditieren wir gemeinsam und singen und tanzen.

Liebesbriefe

Kürzlich habe ich meinen ersten Leserbrief auf englisch bekommen, und zwar nach dem Kapitel, in der es um das Semmelnholen ging, do you remember? »Tell Anne«, schreibt Frau Evelyn aus dem bekannten britischen Ort Vaterstetten, »to put on her Lackschuhe and buy the Semmeln herself every Saturday.«

»Anne!« hab ich durchs Haus gebrüllt, »put on your Lackschuhe and buy some Semmeln!« Aber Anne hatte gerade keine Zeit, weil sie erstens überall die reizende Karte mit Goldschrift rumzeigen mußte, die Frau Evelyn ihr auf deutsch zum Schulanfang geschrieben hat und das, obwohl sie das Kind wirklich persönlich gar nicht kennt. Zweitens versteht Anne kein Englisch, und drittens redet sie mit mir nicht mehr. Ich würde immer alles gleich aufschreiben, sagt sie.

»Wenn ich das nicht machen würde«, habe ich gesagt, »würdest du keine reizenden Karten mit Goldschrift bekommen.« Da hatte ich natürlich recht, aber Anne wollte sowieso Müsli und keine Semmeln zum Frühstück, und ich ging in den ersten Stock, um mit einem Hechtsprung aus dem Fenster in den Gartenteich zu hüpfen, aus dem wir das Wasser abgelassen und den wir statt dessen mit der Leserpost gefüllt haben, um jederzeit in ihr baden zu können.

»Aaaaah!« rief ich, »Familie Stänner schreibt von der

106

Ile d'Oléron in Frankreich, weil ihr der Erziehungsberater so fehlt, und Cilly Kaletsch schickt mir Mundart-
gedichte über ihr Enkelkind, und dann meldet sich hier
Frau Dausch vom Finanz Service, die eine Broschüre
über Investment-Fonds beilegt, damit ich vielleicht doch
ein reicher Familienvater werde.«

Ich sah im Umschlag nach, ob Frau Dausch Geld
beigefügt hätte, das ich eventuell investieren könnte, fand
aber keines.

»Ist es nicht herrlich!?« rief ich, »die Leute schreiben
alle, bei ihnen zu Hause sei es wie hier, chaotisch und
anstrengend, verwirrend und schön. In einer Stuttgarter
Werbeagentur versammelt sich freitags immer die Beleg-
schaft auf dem Hof, während ein Mitarbeiter den Erziehungsberater von einem Podest herab verliest. Frau
Koch aus Bremen hat Fragen. Wer bekommt beim
Mittagessen, wenn es ein Hähnchen gibt, ein Bein
desselben? Wird darüber eine Liste geführt oder wird
jedes Mal ausgelost? Wer darf neben der Großmutter
sitzen, wenn diese zu Besuch kommt? Ist der Platz neben
ihr beim Mittagessen höher zu bewerten als der beim
Frühstück, weil das Mittagessen länger dauert?«

Ich kratzte mich nachdenklich mit der goldenen
Zahnbürste am Kopf, die mir die Bayerischen Zahnärzte
verliehen hatten, weil ich vollkommen hemmungslos
gegen alle Süßigkeiten polemisiert hatte. Dann fiel mir
die Zuschrift von Herrn Eder in die Finger. Herr Eder

wollte wissen, wann endlich Schluß sei mit dem Erziehungsberater und insbesondere »diesem unsäglichen Semmel-Gummistiefel-Geseiere«, und schrieb: »Was hier als Beratung verkauft wird, ist doch nichts weiter als übersteigertes Mitteilungs- und Darstellungsbedürfnis des einzigen Vaters weit und breit...«

Ich erhob mich aus der Leserpost, reckte mich, streckte mich, wurde zwei Meter fünfzig groß und ließ über meinem Kopf wütend den rosa Schnuller an einer Stahlkette kreisen, welchen mir Herr Kreutzer geschenkt hat, nachdem ich beschrieben hatte, wie sich bei uns im Haus immer alle Kindersauger in Luft auflösen. »Eeeeder!« brüllte ich, daß die Scheiben klirrten, »Eder, wo bist Du? Dich, wenn ich erwisch'! Du hast ja keine Ahnung. Hier schreibt Familie Bernack aus Ebersberg: ›Der kleine Erziehungsberater ist oft fast wörtlich zutreffend.‹ Und bei Biesterfeldts in Bochum darf ich sogar übernachten, wenn ich mal in die Gegend komme! Ist das nichts?«

Eder hörte mich nicht. Ich schüttelte mir eine Postkarte aus den Haaren. Wie solle man ohne Erziehungsberater seine Kinder groß kriegen, fragte E. Rauh aus Eching.

Ich wurde sehr traurig, ging mit langsamen Schritten ins Haus und dachte an das letzte Kapitel.

Aufgelöst

Sonntagnachmittags, wenn uns langweilig ist, kommt der Zaub'rer Lilalü in seinem schwarz-weiß-karierten Nachmittagsmercedes und erfüllt uns drei Wünsche. »Eine Tüte Popcorn für mich!« rief der Max, als der Wagen am vergangenen Wochenende wieder vorfuhr, und schnell kletterte der Zaub'rer, der ein ganz kleiner Mann ist, kleiner als der kleinste Arbeitsminister, auf das Dach des Autos und holte eine Wolke vom Himmel, denn die Wolken sind, wie jeder von uns weiß, nichts als Popcorn. »Für mich auch!« schrie Anne, und ohne eine Spur von Ärger oder Ungeduld stieg Lilalü noch einmal hinauf und holte mehr.

»Und was ist der dritte Wunsch?« fragte er sanft. Schnell hielt ich der kleinen Marie den Mund zu, aber sie biß mich in den Finger, und ich schrie: »Hör auf! Hör auf!« Der Zaub'rer Lilalü berührte rasch das Kind mit seinem Zauberstab an der Nase, flüsterte »Shut up!« – und, wirklich!, es schwieg. Ich war sehr traurig, denn nun hatten wir ja keinen Wunsch mehr frei, aber dann fragte Antje: »Wie machen Sie das, Fürst Lilalü? Ich möchte das auch können.« Der Zaub'rer wurde ganz japanisch um die Nase, bekam einen selbstzufriedenen Blick und sagte: »Für sowas gibt's Bücher, gute Frau! Außerdem bin ich ein Naturtalent und ein Zaub'rer sowieso wie mein Vater und mein Großvater und mein Urgroßvater...«

»Und Ihre Mutter?« unterbrach sie ihn.

»Zaub'rer haben keine Mütter«, seufzte er. »Das ist ja das Schlimme. Wir haben überhaupt keine Frauen. Wenn wir ein Kind haben wollen, zaubern wir es herbei. Und alle sind wir alleinerziehend.« Seine Gesichtszüge wackelten, und beinahe hätte er zu weinen begonnen.

»Das ist entsetzlich«, flüsterte ich.

»Es kommt noch schlimmer«, sagte der Zaub'rer.

Mir wurde unheimlich.

»Ich habe einen Auftrag«, sagte Lilalü, »vom Höchsten Rat der Zaub'rer und Magiere.« Er zögerte einen Augenblick und sagte dann: »Ich soll Sie wegzaubern. Sie und Antje und die Kinder – alle weg. Zurückzaubern, dahin, wo niemand Sie sieht und keiner mehr von Ihnen hört und liest.«

Ich saß einen Augenblick starr da. Dann fuhr ich mir mit der rechten Hand rasch durchs Gesicht. »Also Schluß mit dem Erziehungsberater?« fragte ich. »Warum?«

»Nie begründet der Rat seine Beschlüsse«, sagte Lilalü.

»Aber ich wollte noch viel erzählen«, sagte ich. »Ich habe nicht von den Omas und dem Opa und den Engelkindern geschrieben und daß Max wissen will, ob sich Ritter am Strand eincremen müssen.«

»Sie haben schon zuviel erzählt«, sagte der Zaub'rer.

»Nein!« brüllte ich, »ich mache weiter, das Buch ist noch nicht dick genug, ich lasse mir das nicht gefallen. Es ist Zensur!«

»Sie können nichts dagegen tun«, sagte Lilalü. »Glauben Sie mir.«

»Was denken Sie, mit wem Sie reden?!« rief ich. »Ich bin der Träger der Goldenen Zahnbürste, lesen Sie das letzte Kapitel!«

»Es war das vorletzte«, sagte Lilalü, »das letzte ist dieses hier.« Er seufzte. »Warum machen Sie es mir so schwer? Ich bin nur ein kleiner trauriger Zaub'rer. Ich muß immer die Dreckarbeit machen. Es wird schon seinen Grund haben, das. Der Höchste Rat kann in die Zukunft blicken – wir nicht. Sie nicht und ich nicht.«

»Geben Sie wenigstens Marie noch etwas Popcorn«, flüsterte ich.

»Es ist gegen die Vorschrift«, sagte der Zaub'rer. »Nur drei Wünsche jeden Sonntag.«

»Marie, er will Dir kein Popcorn geben«, sagte ich. Sie schrie laut. Rasch blickte der Zaub'rer Lilalü nach hinten, erst über seine rechte Schulter, dann über die linke. Hastig kletterte er wieder aufs Dach seines Wagens und holte weißes Cumulus-Popcorn. »Hier«, sagte er, »aber verratet mich nicht.«

»Also muß es jetzt sein?« fragte ich.

»Es muß«, sagte Lilalü, seufzte wieder und wiederholte: »Es muß.«

»Dann schnell«, flüsterte ich, nahm Antje an der Hand, schob sie ins Auto, hob die Kinder neben sie auf die Rückbank und setzte mich selbst auf den Beifahrer-

sitz. Der Zaub'rer Lilalü nahm hinter dem Lenkrad Platz, faßte es vorschriftsmäßig mit beiden Händen an und sagte fest:

»Li La Lü

und Hi und Ha und Hü.«

Langsam begannen wir, unsichtbar zu werden. Es ist ein ganz und gar merkwürdiges, aber sehr schönes Gefühl, wenn man unsichtbar wird: Zuerst kribbelt es ein bißchen auf der Haut, dann streicht ein leiser Wind über die Wangen, und man fühlt sich, als küsse einem die Fee Zarabzadeh aufs Ohrläppchen.

Draußen standen viele Leute. Sie schauten uns an, und einer rief: »Gibt es Sie wirklich? Haben Sie wirklich drei kleine Kinder?«

Ich wollte antworten, aber da hatten die Leute auf einmal runde Münder, und ihre Augen waren weit. Wir fanden uns plötzlich in der letzten Reihe hinter ihnen wieder und guckten nach vorne, aber da war nichts mehr. Ich hatte Marie auf dem Arm und Anne an der Hand, und Max klammerte sich an Antjes Hosenbein, denn ihm war noch schwindlig von alledem. »Was ist dort?« fragte er. »Nichts, Max«, sagte ich, »gar nichts.« Murmelnd drehten sich die Menschen um und gingen langsam weg, vorbei, ohne uns zu beachten. Wir gingen mit, eine kleine Familie, aufgelöst in Luft.

Axel Hacke, geboren 1956 in Braunschweig, Ginsterweg 1. Volksschule Mascheroder Holz (Frl. Vietig), Wilhelm-Gymnasium. Studierte Politische Wissenschaften in Göttingen und München. Deutsche Journalistenschule. Seit 1981 bei der Süddeutschen Zeitung, zunächst als Sportredakteur, heute als Streiflicht-Autor und politischer Reporter. Joseph-Roth-Preis 1987, Egon-Erwin-Kisch-Preise 1987 und 1990, Theodor-Wolff-Preis 1990.

Marcus Herrenberger, geboren 1955 in Braunschweig, Ginsterweg 22. Volksschule Mascheroder Holz (Frl. Vietig), diverse Gymnasien. Studierte Malerei und Kunsterziehung in Berlin. Dort freier Illustrator. Seit 1990 Professor für Zeichnen und Illustration an der Fachhochschule Münster. Veröffentlichungen u.a.: Zwischen Lenin, Jazz und Harry Lime – Geschichte einer Ratte. Verlag an der Este, Buxtehude 1992.

© Verlag Antje Kunstmann GmbH, München 1992
Satz: Peter Frese, München
Litho: S.R.G. Photogravure, Meylan
Druck & Bindung: L.E.G.O., Vicenza
ISBN 3-88897-056-3

Axel Hacke bei Kunstmann

Ich hab's euch immer schon gesagt

Mein Alltag als Mann

Auf mich hört ja keiner

Mein Alltag als Mann 2

Wie der Cowboy hinausreitet in die Weiten der Prärie, so bricht unser Mann Tag für Tag auf in die Widrigkeiten des Alltags. Er ist also ein Held wie du und ich, und er erinnert sich an seine Abenteuer, bestanden in der sengenden Banalität eines ganz normalen Lebens. Aber was ist denn schon normal? Höchstens, daß jeder versucht, das Beste aus seinem Alltag zu machen, was bekanntlich zum Scheitern verurteilt ist.

»Axel Hackes Miniaturen sind wunderbar selbstironisch und tröstlich. Hacke ist ein begnadeter Chronist der Schlachten und Schlappen des Alltags.«
Franziska Wolffheim, Brigitte

Beide Bände 156 farbige Seiten, illustriert von Thomas Matthaeus Müller, DM 19,80 / sFr 19,80 / öS 145,–

Axel Hacke bei Kunstmann

Der kleine König Dezember
Mit Bildern von Michael Sowa

Die Kindheit liegt am Ende des Lebens. Ob das gut ist? Das muß der kleine König selbst sagen. Man kann ihn alles mögliche fragen. Kann mit ihm auf dem Balkon liegen und die Sterne anschauen und über Unsterblichkeit reden. Kann die Schachteln anschauen, in denen er seine Träume aufbewahrt. Oder man geht mit ihm durch die Stadt und sieht, was man noch nie gesehen hat. Das ist sehr schön.
»Vielleicht bräuchte jeder einen kleinen König und jede Menge Träume, handlich abgepackt.«
Frankfurter Allgemeine Zeitung

In zwei Ausgaben erhältlich:
Der Klassiker: 60 vierfarbige Seiten,
Format 16 x 20, DM 24,– / sFr 24,– / öS 175,–
Die Westentaschenausgabe: 64 vierfarbige Seiten,
Format 12 x 15 cm, DM 12,80 / sFr 12,80 / öS 93,–